CONTES SYMPATHIQUES

A graded reader for intermediate students

June K. Phillips

National Textbook Company
a division of NTC *Publishing Group* • Lincolnwood, Illinois USA

Acknowledgment

I am deeply grateful to Dr. Ludo op de Beeck, Department Chairman, Romance and Classical Languages at Indiana University of Pennsylvania, for his help with this manuscript. His suggestions and constructive criticism are an important contribution to this work.

1995 Printing

Introduction

Contes sympathiques is a comprehensive reader designed especially for intermediate students of the French language. Each of the stories features characters from French-speaking countries portrayed in an affectionately sympathetic way. These twenty-eight tales are written with a humorous touch, and contain frequent references to the history, art, and traditions of French-speaking countries.

Foreign-language teachers have often seen students grow disinterested in stories taking more than one class period to complete. Thus, the stories in this reader are short enough (250 to 300 words) to be read by students within a class period of forty-five minutes.

Words and idioms used in *Contes sympathiques* were chosen for their high frequency in everyday speech and writing. More than eighty-five percent of the vocabulary appears among the 1,500 entries of *Le français fondamental*. Also, the vocabulary utilized correlates closely with the words and idioms used in currently popular textbooks. New words, idioms, and difficult verb forms have been sideglossed in all stories for ease of recognition. As an additional aid to students, a general Vocabulary at the end of the book contains all the words (except direct cognates) used in the stories.

Verb tenses are introduced gradually and in a sequence paralleling that of most second- and third-level texts. As a result, only indicative verb forms are found in the first fourteen stories, while the subjunctive mood appears in the last fourteen stories.

Numerous comprehension and oral communication exercises have been provided to help students develop both of those crucial skills. These exercises pose challenges suitable for students of varying ability levels. The information needed to answer correctly will almost always be contained in the stories themselves. This spares students the distracting effort of referring to their basic textbooks.

The exercises in *Contes sympathiques* are arranged in two groups. The first group always follows the text of the story and offers three exercise types. The first type asks students to manipulate structures and vocabulary as they answer questions about the content of the story. The second type tests and develops comprehension through matching, true-false, multiple-choice, and other formats. The third type has students discuss (orally or in writing) their feelings and ideas about specific questions.

The second group of exercises will be found at the back of the book. It is composed of 1) vocabulary exercises (synonyms, antonyms, sentence completion, and word sets) that expand students' ability to make "educated guesses" about the meaning of new vocabulary; 2) verb exercises that sharpen both reading skills and students' ability to produce verb forms and tenses; and 3) structure exercises that distinguish among different grammar forms in a productive and receptive skill format.

Teachers should tailor exercises to the needs of their classes, as well as to those of individual students. Slower students will find them useful as remedial work; average students will use them profitably as review material; more advanced students may want to choose exercises that challenge them and omit the others.

Dialogues sympathiques: An introductory reader for beginning students and *Petits contes sympathiques: A graded reader for beginning students* both follow the same content, format, and development as *Contes sympathiques*, but at a more elementary level. They are also published by National Textbook Company and are also available in a paperback edition.

Contents

1. La pitié

Le voyageur européen est venu au petit village africain par curiosité. Il a rencontré une jeune fille du Corps de la Paix qui était venue au village pour enseigner dans une école primaire.

—Dites-moi, mademoiselle, qu'est-ce qui vous a amenée à cet endroit,° a-t-il demandé. Aimez-vous vraiment enseigner à lire et à écrire à ces indigènes?°

—Ah oui, ça me plaît beaucoup parce qu'ils ont tellement envie d'apprendre.

—A mon avis, mademoiselle, ces gens sont paresseux et sales. Ils portent des sandales usées° et de

endroit   place
indigènes   natives
usées   worn out

vieux vêtements. Ils habitent dans des cases.° Il n'y **cases** huts
a pas de bonnes routes dans ce pays sous-développé.

—Je ne suis pas de votre avis, monsieur. Ce sont
de bons êtres humains qui ont besoin de notre aide.
Ils sont aussi intelligents que nous. Quand vous et
vos ancêtres étiez encore des sauvages en Europe, la
civilisation existait déjà en Afrique.

—Il est bien évident que je ne suis pas d'accord avec
vous, mademoiselle.

A ce moment, on a entendu des musiciens qui
jouaient de leurs instruments typiques; une procession d'Africains les suivait.

—Qu'est-ce qui se passe? a dit l'Européen.

—C'est un cortège funèbre, monsieur. Les parents
et les amis du mort portent des aliments,° des bois- **aliments** food
sons et de l'argent au cimetière. Ils mettent tout cela
sur la tombe, pour le mort et pour ses ancêtres.

—Vous voyez donc, mademoiselle, cela prouve° **prouve** proves
qu'ils ne sont pas intelligents.

—Je ne comprends pas, monsieur. Pourquoi dites-
vous qu'ils ne sont pas intelligents?

—Quand est-ce que les morts vont manger les aliments et dépenser l'argent? l'Européen a dit avec
mépris.° **mépris** contempt

La jeune fille a répondu:—Ils les mangeront, mon-
sieur, quand les morts de votre pays sentiront° les **sentiront** will smell
fleurs que vous mettez sur leurs tombes.

I. Répondez aux questions en phrases complètes.
1. Où l'Européen fait-il un voyage?
2. Que fait la jeune fille?
3. Qu'est-ce qu'elle enseigne aux Africains?
4. Comment sont les vêtements des indigènes?
5. Selon la jeune fille, de quoi les indigènes ont-ils besoin?
6. Comment était l'Afrique quand l'Europe était primitive?
7. D'où venait la musique?

2

8. Selon l'Européen, qu'est-ce qui prouve l'ignorance des indigènes?
9. Selon la jeune fille, quand les morts sentiront-ils les fleurs que nous mettons sur leurs tombes?

II. Complétez chaque phrase avec l'expression entre parenthèses qui convient.
1. (L'Européen/Le voyageur/La jeune fille/L'indigène) est dans ce village comme membre du Corps de la Paix.
2. L'homme est venu pour (enseigner/travailler avec/aider/observer) les indigènes.
3. L'Européen pense que les indigènes sont (très intelligents/civilisés/paresseux).
4. La jeune fille les trouve (moins intelligents/plus intelligents/aussi intelligents) que les Européens.
5. Les grandes civilisations en Afrique existent depuis (longtemps/peu de temps/cent ans).
6. Il est évident que (l'Européen est sympathique/la jeune fille est sauvage/les indigènes sont paresseux/l'Européen n'est pas d'accord avec la jeune fille).
7. La procession faisait partie (d'une fête musicale/d'un cortège funèbre/d'une fête pour les soldats morts).
8. Les parents et les amis apportent (des fleurs/de la nourriture/des vêtements/des instruments de musique) aux morts.
9. Les Africains morts dépenseront l'argent quand les Européens morts (achèteront/sentiront/regarderont/vendront) des fleurs.

III. Répondez aux questions oralement ou par écrit.
1. Veux-tu aller en Afrique? Que veux-tu voir?
2. Veux-tu aller en Europe?
3. Qui t'a enseigné à lire et à écrire?
4. Quel travail veux-tu faire?
5. Que mettons-nous sur les tombes des morts?
6. Pourquoi est-ce qu'on se moque des étrangers?

2. L'ennemi de l'état I

—Monsieur le consul, je ne sais pas pourquoi on m'a amené devant le tribunal de Bordeaux. Vous me voyez, le visage couvert de sang et le front° couvert de sueur.° Je ne sais pas pourquoi on m'a frappé, pourquoi on m'a cassé la jambe et le bras. Je ne comprends non plus pourquoi on a déchiré° mes vêtements, ni pourquoi on a lancé° des pierres, tout en m'appelant espion° et ennemi de l'état.

    —J'étais tellement heureux d'avoir l'occasion de visiter ce beau pays. Vous savez, aux Etats-Unis on voit dans les revues l'élégance et la beauté de la France. La France, pour moi, c'était la mode, la bonne cuisine et le bon vin.

front forehead
sueur sweat

déchiré tore

lancé threw
espion spy

—Pour moi, le meilleur vin, c'était le vin français.
A la télévision il y a un acteur distingué qui tient une
bouteille de vin rouge à la main. Il regarde l'étiquette.° **étiquette** label
Il verse le vin très délicatement dans un verre à vin. La
musique commence. Il lève le verre lentement, il ad-
mire la couleur et, les yeux fermés, il sent le vin. Il
en boit une petite gorgée° qu'il semble savourer un **petite gorgée** sip
peu avant de l'avaler.° La musique monte en cres- **avaler** to swallow
cendo et l'acteur dit: ⟨⟨Magnifique⟩⟩!
—Quelle joie, quel plaisir dans un petit verre! Moi,
je voulais simplement apprendre l'histoire de cette
boisson dont les Français disent: ⟨⟨Un repas sans vin
est une journée sans soleil⟩⟩.

I. Répondez aux questions en phrases complètes.
1. Où est le narrateur?
2. A qui parle-t-il?
3. Qu'est-ce qu'on lui a cassé?
4. Qu'est-ce qu'on a déchiré?
5. Qu'est-ce qu'on a lancé?
6. Qu'est-ce qu'on l'a appelé?
7. Pourquoi est-ce qu'il voulait visiter la France?
8. Décrivez ce qu'il a vu à la télévision.
9. Expliquez le proverbe ⟨⟨Un repas sans vin est une journée sans soleil⟩⟩.

II. Complétez chaque phrase avec l'expression entre parenthèses qui convient.
1. Le narrateur est (allemand/américain/français).
2. Le consul est (américain/belge/français).
3. Le narrateur est la victime (d'un accident/d'un assassinat/d'une attaque).
4. Il était (content/nerveux/triste) de faire un voyage en France.
5. Son image de la France était le résultat (des histoires de ses amis/de son
imagination/de la publicité).
6. A la télévision on voit une scène (élégante/familiale/populaire).
7. L'acteur boit le vin (après une cérémonie/avant de le sentir/tout d'un
coup).
8. Le narrateur voulait apprendre (combien coûte/comment on fait/où l'on
peut acheter) le vin.
9. Les Français comparent le vin au (jour/repas/soleil).

3. L'ennemi de l'état II

—Puisque je m'intéressais à cette boisson nationale, j'ai décidé de visiter Bordeaux pendant mon voyage en France. J'étais ravi° de trouver que le syndicat d'initiative° organisait un tour des vignes.°

—Nous sommes partis très tôt le matin pour visiter des vignes pas loin de Bordeaux. Nous avons fait le tour d'une grande vigne. On a admiré les raisins presque mûrs° et on m'a permis de les goûter. La famille du vigneron° nous a accompagnés pour nous expliquer comment on fait les vendanges.° Tous les enfants et les adultes du village travaillent ensemble pour cueillir° les raisins.

ravi delighted
syndicat d'initiative
   tourist bureau
vignes vineyards

mûrs ripe
vigneron wine-
   grower
vendanges harvests

cueillir to pick

—Plus tard, on nous a amenés dans une cave où j'ai vu le vin qui fermentait dans d'énormes barils.° **barils** barrels
Il y avait là un homme qui goûtait le vin. J'ai pensé qu'il devait être ivre° avec un tel travail, mais il m'a **ivre** drunk
montré qu'il n'avale jamais le vin. Il le goûte, puis il le crache.° **crache** spits (out)

—Après la visite, j'étais vraiment content parce que j'avais bien appris comment on cultive les vignes. On nous a invités à prendre quelque chose à boire dans un petit café.

—Que désirez-vous, monsieur? a demandé le garçon au vigneron.

—Apportez-moi un verre de vin rouge, a-t-il dit.

—Et vous, monsieur? le garçon a répété à un autre touriste.

—La même chose, s'il vous plaît—a-t-il répondu en souriant.

—Enfin le garçon m'a demandé: Voulez-vous que j' apporte la même chose à vous aussi monsieur?

—Mais bien sûr! a répondu le vigneron pour moi.

Tout innocemment j'ai répondu—Apportez-moi un Coca-Cola!

A ce moment, une bagarre° a commencé. Les **bagarre** riot
hommes et les femmes se sont servis de toutes les choses possibles pour me faire du mal. Ils ont commencé à m'attaquer, à déchirer mes vêtements, à lancer des pierres et à m'appeler ⟨⟨ennemi de l'état⟩⟩. J'avais peur d'être tué. Ça ne valait pas la peine° de protester, ni **Ça ne valait pas la peine** It wasn't worthwhile
de crier, ni de pleurer. Si les gendarmes n'étaient pas venus, la foule m'aurait tué.

I. Répondez aux questions en phrases complètes.
1. Pourquoi l'Américain a-t-il décidé de visiter Bordeaux?
2. Qui organise des tours dans les villes françaises?
3. De quel fruit fait-on le vin?
4. Quand fait-on la vendange?
5. Qui fait les vendanges?
6. Où met-on le vin pour le fermenter?

7. Pourquoi l'homme qui goûte le vin n'est-il pas ivre?
8. Où les touristes sont-ils allés après le tour?
9. Qu'est-ce que le vigneron a demandé?
10. Qu'est-ce que le narrateur a demandé?
11. Qu'est-ce qui lui est arrivé?
12. Qui l'a sauvé?

II. Complétez chaque phrase.

1. La boisson nationale de la France
2. La boisson nationale des Etats-Unis
3. On cultive les raisins
4. On laisse fermenter le vin
5. L'homme qui goûte le vin
6. On va au café
7. A Bordeaux il faut
8. A Bordeaux c'est un crime de

a) boire le vin de la région.
b) dans les vignes.
c) c'est le Coca-Cola.
d) boire du Coca-Cola.
e) c'est le vin.
f) pour prendre quelque chose à boire.
g) dans une cave.
h) ne l'avale pas.

III. Répondez aux questions oralement ou par écrit.
1. Quelle ville française voudrais-tu visiter?
2. Dans quelles régions de la France fait-on du vin?
3. Que bois-tu avec les repas?
4. Que prends-tu quand tu as soif? Quand tu as chaud? Quand tu as froid?
5. Que boivent tes parents?
6. Préfères-tu les raisins ou les raisins secs?
7. Pourquoi est-ce qu'un buveur de Coca-Cola est un ⟨⟨ennemi⟩⟩ chez les Bordelais?

4. Les Angevins et le fromage

Deux paysans d'Anjou sont allés au marché pour vendre leurs poires. En route ils ont trouvé un grand fromage. Ils ont décidé de le partager.

Thomas l'a découpé et il a pris le plus grand morceau. Son ami Joseph s'est fâché et lui a dit:

—Pourquoi as-tu pris la grande partie?

—Quand tu partages quelque chose, quelle partie prends-tu? a demandé Thomas.

—Moi, je prends toujours la plus petite—a répondu Joseph.

—Alors, maintenant tu as le plus petit morceau. Pourquoi te plains-tu?°

te plains complain

9

Joseph n'a pas du tout aimé cette réponse et, au lieu d'aller au marché pour vendre les poires, les deux paysans sont allés au tribunal du village.

Ils ont expliqué leur problème au juge qui a regardé les deux morceaux. Puis il a pris une bouchée° **bouchée** mouthful du morceau qui lui semblait le plus grand. Il a regardé de nouveau les deux morceaux et il a vu qu'ils n'étaient pas encore égaux. Il a continué à prendre bouchée après bouchée de chaque morceau—et voilà! Il a mangé le fromage entier!° **entier** whole

Le magistrat a dit aux Angevins:

—Je crois que l'affaire est réglée.° La dispute se **réglée** settled termine faute d'évidence.° **faute d'évidence** for lack of evidence

Les deux Angevins ont quitté le tribunal, tristes et fâchés. Le marché était fermé. Ils sont rentrés chez eux, séparés, sans fromage, sans argent et sans ami.

I. Répondez aux questions en phrases complètes.
1. Que cultivent ces paysans?
2. Qu'ont-ils trouvé sur la route?
3. Qui a pris la plus grande partie?
4. Qui prend toujours le plus petit morceau?
5. Pourquoi Joseph se plaint-il?
6. Pourquoi sont-ils allés au tribunal?
7. Qu'est-ce que le juge a fait avec le fromage?
8. Qui a mangé tout le fromage?
9. Pourquoi les deux Angevins n'ont-ils pas d'argent?

II. Choisissez la réponse correcte.
1. Où allaient les deux paysans?
   a) Ils allaient acheter du fromage.
   b) Ils allaient vendre des fruits.
   c) Ils allaient voir l'avocat.
   d) Ils allaient à la banque.
2. Qui a pris le plus grand morceau?
   a) Thomas.
   b) Joseph.
   c) Le juge.
   d) Personne.

3. Quand Joseph partage quelque chose, comment le fait-il?
   a) Il prend tout.
   b) Il prend la plus grande partie.
   c) Il prend la plus petite partie.
   d) Il n'en prend rien.
4. A ton avis, pourquoi le magistrat a-t-il pris bouchée après bouchée de fromage?
   a) Il ne voulait pas tromper les deux paysans.
   b) Il voulait régler l'affaire.
   c) Il voulait obtenir deux parties absolument égales.
   d) Il a bien aimé le fromage.
5. Qu'est-ce qui est arrivé?
   a) Les Angevins ont reçu deux morceaux égaux.
   b) Le juge a mangé le fromage.
   c) Les paysans ont reçu beaucoup d'argent.
   d) Les deux amis ont mangé le fromage.

5. Le chien qui ne savait pas nager

Monsieur Monet, un riche propriétaire, a une grande
maison de campagne en Normandie. C'est un homme
plein de joie de vivre. Il aime surtout la chasse.° Un **chasse** hunting
matin d'automne il est sorti avec le nouveau chien de
chasse qu'il venait de recevoir pour son anniversaire.
Il faisait très froid. Puisqu'il devait attendre longtemps
au bord du lac, de temps en temps M. Monet prenait
quelque chose à boire. Tout à coup il a remarqué
des oiseaux. Il a pris son fusil,° il a visé° et il a tiré. **fusil** gun
Un des oiseaux est tombé dans l'eau. Le nouveau **visé** aimed
chien s'est jeté à l'eau pour rapporter° l'oiseau. Mais **rapporter** to
retrieve

qu'est-ce qui se passait? Le chien marchait sur l'eau du lac!

—Je crois que j'ai trop bu—s'est-il dit.—Mes yeux me trompent. Voyons ce qui se passera la prochaine fois.

Il a tiré de nouveau.° Le chien a marché encore une fois sur l'eau. Monsieur Monet était très fier et heureux de posséder un chien remarquable. Il voulait faire savoir à tout le monde cet exploit merveilleux! Mais qui le croirait?   **de nouveau** again

Il a donc invité un de ses amis à l'accompagner à la chasse sans lui raconter l'aventure.

Peu après, les oiseaux ont apparu. L'ami a visé et il a tiré. Comme la première fois le chien s'est jeté à l'eau et il a marché sur l'eau. Monsieur Monet a regardé son camarade pour voir son étonnement. Mais celui-ci ne semblait pas se rendre compte° de l'acte merveilleux de l'animal. Ils ont continué à chasser toute la journée, mais l'ami ne disait toujours rien.   **se rendre compte** to realize, to understand

Au coucher du soleil ils sont rentrés à la maison. Le propriétaire ne pouvait plus supporter le silence de son camarade. Avant de dire au revoir à son ami, Monsieur Monet lui a demandé:

—Dis-moi, mon vieux, comment trouves-tu mon nouveau chien? Ne mérite-t-il pas d'éloges° pour son intelligence et son adresse?°   **éloges** praise   **adresse** skill

L'ami a répondu:

—Cet animal a un défaut° bien sérieux. Moi, je n'achèterais jamais un tel chien de chasse. Il ne sait pas nager!   **défaut** defect

I. Répondez aux questions en phrases complètes.

1. Qui est Monsieur Monet?
2. Est-il plutôt triste ou content?
3. Quel sport préfère-t-il?
4. Qu'est-ce qu'il a reçu pour son anniversaire?
5. Pourquoi prenait-il quelque chose à boire?
6. Qu'est-ce qui est arrivé quand il a tiré?
7. Qu'est-ce que le chien a fait?

8. Pourquoi M. Monet était-il surpris?
9. Que pensait-il?
10. Pourquoi a-t-il tiré une deuxième fois?
11. Pourquoi n'a-t-il rien dit à son ami?
12. Quand sont-ils rentrés?
13. Qui a parlé d'abord du chien?
14. Selon l'ami, quel défaut a ce chien?

II. Répondez VRAI ou FAUX.
1. Monsieur Monet chasse pour gagner sa vie.
2. Il va à la chasse près d'un lac.
3. Il boit quelque chose parce qu'il a froid.
4. Le chien attrape les oiseaux, puis M. Monet les tue.
5. Monsieur Monet croit qu'il est ivre quand il voit ce que son chien a fait.
6. Ça lui plaît d'avoir un chien extraordinaire.
7. Le lendemain le chien ne marche plus sur l'eau.
8. L'ami de M. Monet est étonné de voir ce chien merveilleux.
9. L'ami veut acheter ce bon chien de chasse.
10. Au lieu de faire des éloges, le chasseur trouve que l'animal est bien stupide.

III. Répondez aux questions oralement ou par écrit.
1. Quel sport préfères-tu?
2. Penses-tu que la chasse soit un sport? Pourquoi?
3. As-tu un chien? Est-ce un chien de chasse, de garde, de salon?
4. Quelle est la date de ton anniversaire?
5. Quel cadeau as-tu reçu pour ton anniversaire cette année?
6. Que prends-tu quand il fait froid? Quand il fait chaud?
7. Sais-tu nager? Où vas-tu nager?
8. Quel défaut as-tu?

6. Le Parisien et le paysan

Un Parisien qui conduisait une voiture magnifique s'est arrêté à un carrefour° pour se renseigner° sur la bonne route. La seule personne qu'il a vue était un paysan assis au bord du trottoir.° Les habitants des grandes villes, et surtout les Parisiens, pensent que les gens de province sont assez bêtes.

carrefour intersection
se renseigner to inquire
trottoir sidewalk

—Bonjour, monsieur—a dit très poliment l'automobiliste. (Les voyageurs qui ne savent pas le chemin° sont toujours polis.) Vous êtes d'ici, n'est-ce pas, monsieur?

chemin way

—Je n'habite pas exactement ici, mais un peu plus loin—a répondu le paysan.

15

—Je viens de Paris et je ne connais pas très bien la région . . . Sauriez-vous me dire où se trouve le village d'Imphy?

—Bien sûr—a dit le paysan. Je le sais très bien parce que je suis né dans cette région du pays.

—J'ai un rendez-vous important à deux heures. Il est déjà une heure et quart et il ne me reste que quarante-cinq minutes pour y arriver à l'heure. Montrez-moi bien vite, je vous en prie, où est le village d'Imphy?

—Je suppose qu'il est toujours au même endroit.°   **endroit**   place

—Evidemment, monsieur. Mais quelle route faut-il prendre pour y arriver?

—Il y a deux chemins; l'un est en bon, l'autre en mauvais état.° Mais l'un est plus court.   **état**   condition

—Alors, a dit le Parisien,—le chemin le plus court est le meilleur.

—Vous vous trompez, monsieur. Le chemin court est pire.

—Pourquoi ça? a demandé le jeune homme.

—Par le chemin court on arrive à la rivière.

—Peu importe! Je peux traverser la rivière par le pont. Et. . .

—Vous vous trompez de nouveau, monsieur. Il est impossible de traverser ce pont, parce qu'il est tombé.

Le Parisien s'est rendu compte que le paysan se moquait de lui. Il s'est mis en colère en entendant cette dernière réponse idiote, et il a crié:

—Que vous êtes stupide, bête et idiot!

Le paysan l'a regardé avec un sourire rusé° et il   **rusé**   sly
a ajouté avec calme:

—Vous avez raison, monsieur. Vous êtes très intelligent. Je suis tout cela, bête et idiot. . . mais je n'ai pas perdu mon chemin.

I. Répondez aux questions en phrases complètes.
1. De quelle région est l'automobiliste?
2. A qui a-t-il demandé des renseignements?
3. Pourquoi a-t-il parlé si poliment?
4. Que cherchait-il?
5. Pourquoi allait-il à Imphy?
6. Quelle heure était-il?
7. Comment est la plus longue route?
8. Pourquoi ne peut-il pas traverser la rivière en voiture?
9. Comment le paysan parle-t-il au Parisien riche? Avec respect?
10. Comment est le paysan? Bête, intelligent ou rusé?

II. Répondez VRAI ou FAUX.
1. Cette histoire se passe en province.
2. Le Parisien savait où il était.
3. Le paysan était de la région.
4. Le Parisien cherchait un petit village.
5. Le paysan voulait aider ce jeune homme riche.
6. Il était 1 h 45.
7. Une des routes est plus longue parce qu'elle traverse une rivière.
8. Il n'y a qu'un chemin pour aller à Imphy maintenant.
9. Le Parisien se moque de ce pauvre paysan.
10. Le paysan était bien content parce que le Parisien s'est fâché.

7. L'enseigne

—Monsieur Moules—a dit le jeune homme au poisson-nier°—je m'appelle Guy. Je suis peintre d'enseignes° et je vois que vous n'avez pas d'enseigne comme les autres marchands. Regardez, je vous en prie, l'enseigne de votre voisin, le tailleur.° ⟨⟨Tailleur. Costumes faits sur mesure⟩⟩. Ou celle du cordonnier:° ⟨⟨Cordonnerie. Raccommodage° pendant que vous attendez⟩⟩. Ou celle du boucher: ⟨⟨Boucherie. Notre viande reste réfri-gérée⟩⟩. Et voilà l'entrepreneur de pompes funèbres:° ⟨⟨Entreprise de pompes funèbres. Nos clients ne se plaignent jamais⟩⟩. Permettez-moi, monsieur, de vous

poissonnier fish-market owner
enseignes signs

tailleur tailor

cordonnier shoe-maker
raccommodage repair

entrepreneur de pompes funèbres undertaker

préparer aussi une de ces enseignes magnifiques: 《Poissonnerie. Ici l'on vend du poisson frais》.

—Je n'ai pas besoin d'enseigne, monsieur Guy. Je n'ai surtout pas besoin de celle que vous me suggérez. Ecoutez-moi bien; je vous expliquerai logiquement pourquoi c'est une perte° d'argent. Considérons le mot 《ici》. Il est évident que si l'on vend du poisson, on le vend ici. Donc, on n'a pas besoin du mot 《ici》. Si le poisson n'est pas frais, il est impossible de le vendre. Donc, on n'a pas besoin du mot 《frais》. 《Poissonnerie》. Où vend-on du poisson? Dans une boulangerie? Le mot 《poissonnerie》 n'est pas nécessaire. 《On vend》: Bien sûr qu'on vend! Tout le monde comprend qu'*on vend* du poisson. Il ne reste qu'un mot, 《poisson》. Fermez les yeux, monsieur, et respirez! Dites-moi! Est-ce qu'il vous faut une enseigne pour savoir qu'ici, dans ce magasin, on vend du poisson?

perte waste

I. Répondez aux questions en phrases complètes.
1. Que vend Monsieur Moules?
2. Qu'est-ce que Guy veut faire?
3. Que fait le tailleur? le cordonnier? le boucher?
4. Les clients de l'entrepreneur de pompes funèbres, comment trouvent-ils le service?
5. Que lira-t-on sur l'enseigne que Guy veut préparer pour le poissonnier?
6. Est-ce que M. Moules veut une enseigne? Pourquoi?
7. Quand ne peut-on pas vendre le poisson?
8. Pourquoi est-ce que 《poissonnerie》 est un mot inutile?
9. Qu'est-ce que Guy peut sentir?

II. Complétez chaque phrase avec l'expression qui convient.
1. Que veut le jeune homme? Il veut
   a) peindre des poissons.
   b) regarder l'enseigne du tailleur.
   c) attendre chez le cordonnier.
   d) faire une enseigne.

2. Quels clients sont toujours contents? Ceux qui vont chez
   a) le tailleur.
   b) l'entrepreneur de pompes funèbres.
   c) le cordonnier.
   d) le boucher.
3. Pourquoi ces clients ne se plaignent-ils pas? Ils ne se plaignent pas parce que (qu')
   a) la viande est réfrigérée.
   b) ils ont de bonnes chaussures.
   c) ils sont morts.
   d) ils achètent du poisson frais.
4. Que saura le jeune homme s'il respire? Il saura que c'est
   a) une cordonnerie.
   b) une poissonnerie.
   c) une boucherie.
   d) une boulangerie.

III. Répondez aux questions oralement ou par écrit.
1. Que préfères-tu, la viande ou le poisson?
2. Où achètes-tu du poisson?
3. Achète-t-on le poisson frais, congelé ou en boîte chez toi?
4. Tes vêtements sont-ils faits sur mesure ou prêt-à-porter?
5. Quelle enseigne extraordinaire as-tu remarquée récemment?
6. De quoi te plains-tu?
7. Comment gaspilles-tu ton argent?
8. Quelle odeur est agréable? Celle du poisson, des roses, des parfums?

8. Qui va-t-on croire?

Madame Gallimard allait souvent chez Madame Morand. Elle ne venait pas pour lui rendre visite mais pour lui emprunter° des choses. Elle empruntait par exemple, une livre de farine,° une marmite de fer, une poêle de cuivre,° des livres, des journaux, toutes ces choses en même temps. Monsieur Gallimard faisait pareil. Lui, il empruntait des pelles,° des seaux,° des clous° et des cannes à pêche.° Le pire, c'est qu'ils tardaient à rendre ce qu'ils avaient pris. Par conséquent, les Morand ne voulaient plus rien prêter° à ces voisins. Seulement quand c'était absolument nécessaire, ils le faisaient de mauvaise foi.

emprunter to borrow
livre de farine pound of flour
poêle de cuivre copper skillet
pelles shovels
seaux buckets
clous nails
cannes à pêche fishing rods
prêter to lend

Un jour Monsieur Gallimard est venu chez M. Morand pour lui emprunter une hache.° **hache** axe

—Mon brave!—a dit Monsieur Morand—tu as cassé ma meilleure hache d'acier°—celle que je t'avais prêtée hier. **cassé** broken **d'acier** steel

—Si tu n'as pas de hache, prête-moi ta guitare alors, parce que je n'ai rien à faire, a répondu Gallimard.

—Je le regrette, mon cher. Aujourd'hui je vais jouer de la guitare pour m'amuser.

—Ça ne fait rien!—a dit Gallimard. Puisque tu vas acheter une autre hache au village et je te rendrai l'animal et la hache aussitôt que possible.

—Je regrette beaucoup. Je te prêterais le cheval avec plaisir, mais ma fille l'a déjà pris pour aller au village acheter des cadeaux pour le Jour de l'An. **étrennes** gifts

A cet instant on a entendu hennir° le cheval. **hennir** whinny Monsieur Gallimard a dit:

—Mon ami, je ne veux pas me plaindre. Il est difficile de croire que tu as menti.° Mais il n'y a pas de **menti** lied doute que j'ai entendu hennir ton cheval.

—Monsieur Gallimard,—s'est exclamé Monsieur Morand, furieux,—je suis un homme d'honneur. Réponds-moi! Qui vas-tu croire, moi ou mon cheval?

I. Répondez aux questions en phrases complètes.
1. Pourquoi est-ce que Madame Gallimard allait chez Madame Morand?
2. Quelles sortes d'articles empruntait-elle?
3. Que faisait son mari?
4. Qu'est-ce que Monsieur Gallimard empruntait?
5. Quand rendaient-ils les articles empruntés?
6. Qu'est-ce que M. Morand a décidé de faire?
7. Pourquoi M. Morand ne peut-il pas prêter sa hache?
8. Que fera M. Gallimard s'il n'a pas de hache?
9. Pourquoi M. Morand refuse-t-il de prêter sa guitare?
10. Que demande M. Gallimard alors?
11. Où est le cheval d'après Monsieur Morand?

12. Qu'a-t-on entendu?
13. En entendant cela, qu'est-ce que M. Gallimard a pensé?
14. Qui croit-il?

II. Répondez VRAI ou FAUX.
1. Madame Gallimard emprunte des choses pour faire la cuisine.
2. Les Gallimard rendent tout de suite ce qu'ils empruntent.
3. Monsieur Morand n'avait pas envie de leur prêter ses choses.
4. Monsieur Morand est content de leur prêter les nécessités.
5. Monsieur Gallimard a cassé une hache de fer.
6. Monsieur Morand ne veut pas prêter sa guitare parce qu'il va au village.
7. Monsieur Gallimard veut acheter une hache et donc il a besoin du cheval.
8. La fille de M. Morand est allée au village à cheval.
9. Monsieur Morand a henni à son cheval.
10. Monsieur Gallimard croit le cheval plutôt que son ami.

III. Répondez aux questions oralement ou par écrit.
1. Qu'est-ce que tu empruntes à tes amis?
2. Que leur prêtes-tu?
3. Quand rends-tu ce que tu empruntes?
4. Tes amis font-ils pareil?
5. Que ne prêtes-tu jamais à personne? Pourquoi pas?
6. Aimes-tu aller à la pêche? Où vas-tu? Avec qui?
7. De quel instrument de musique joues-tu?
8. Sais-tu monter à cheval?

9. La psychologie des jeunes

—Les jeunes gens d'aujourd'hui n'aiment pas obéir aux règles,—a observé le psychologue célèbre. Ils ne font pas attention à ce que leurs parents leur disent. Quant à° votre fils, Michel, ne vous inquiétez pas trop. S'il laisse traîner° sa chemise, sa cravate, ses chaussettes, enfin tous ses vêtements par terre, ne le critiquez pas! Achetez-lui un portemanteau° et dites-lui: 《《Ce portemanteau est un cadeau》》. Et vous verrez qu'il accrochera° ses vêtements.

L'après-midi, en entrant dans la maison, Michel a embrassé sa mère. Sur le tapis,° à ses pieds, il y avait un livre. Michel allait passer sans le ramasser.° Selon

Quant à As for

laisse traîner leaves lying around

portemanteau clothes stand

accrochera will hang up

tapis carpet

ramasser picking (It) up

24

le conseil du psychologue, sa mère a dit doucement° doucement sweetly
en montrant le livre du doigt:

—Michel, qu'est-ce qu'il y a par terre?

—Un livre, maman.

—Attention, chéri. Si tu y trébuches,° tu peux te trébuches trip
casser l'orteil.° orteil toe

—Aucun danger, maman. Je suis toujours prudent.

—Michel, quel est ce livre?

—*Terre des hommes* de Saint-Exupéry.

—C'est un livre bien intéressant, n'est-ce pas?

—Oui, maman. Je l'ai lu il y a huit jours.

Maintenant Madame Duplessis était fâchée parce
que le livre restait toujours par terre.

—Michel! a-t-elle crié. Quelquefois je pense que tu
es peut-être sourd,° muet° et aveugle,° ou que tu ne sourd deaf
comprends pas le français. Pourquoi ne ramasses-tu muet dumb, mute
pas ce livre? Nous n'avons pas de bonne.° C'est moi aveugle blind
qui ramasse toutes les choses que tu laisses traîner bonne maid
partout.

—Maman, maman. Calme-toi—a dit Michel. Si tu
veux que je ramasse le livre, pourquoi ne me le dis-tu
pas?

I. Répondez aux questions en phrases complètes.
1. Comment sont les jeunes gens d'aujourd'hui?
2. Qui offre cette opinion?
3. Qu'est-ce que Michel laisse traîner par terre?
4. Qu'est-ce que la mère doit acheter? Pourquoi?
5. Comment Michel a-t-il salué sa mère?
6. Où était le livre?
7. Pourquoi Madame Duplessis n'a-t-elle pas critiqué son fils?
8. Qu'est-ce qui peut arriver si Michel trébuche sur le livre?
9. Quel est le titre du livre?
10. Quand Michel l'a-t-il lu?
11. Pourquoi Mme Duplessis s'est-elle fâchée?
12. Que pense-t-elle de son fils de temps en temps?
13. Pourquoi ramasse-t-elle les affaires de Michel?
14. Est-ce que la psychologie est toujours bonne?

II. Complétez les phrases avec des mots qui conviennent.

1. Les jeunes gens n'obéissent pas aux _____ et ils n'écoutent pas leurs _____.

2. Le psychologue dit: ⟨⟨Ne _____ pas vos enfants quand ils laissent les _____ par terre⟩⟩.

3. Quand Michel est entré dans la _____ il a _____ sa mère.

4. Michel n'a pas regardé le _____ à ses _____ et il ne l'a pas _____.

5. La mère n'a pas oublié le _____ du psychologue et elle a parlé _____ à son fils.

6. Elle a dit:—Si tu _____ sur le livre, tu te casseras _____.

7. C'est un livre écrit par _____ qui s'appelle _____.

8. La mère pense que Michel est sourd, _____ et _____.

9. Elle s'est _____ parce que Michel n'a pas ramassé le _____.

10. Pour Michel il faut _____ directement ce qu'on veut.

10. Un chien perdu

Je flânais° sur la Promenade des Anglais à Nice quand **flânais** was
j'ai vu un chien qui s'approchait de chaque passant. strolling
Il me semblait que le chien cherchait son maître. Je l'ai
pris dans mes bras et je l'ai emporté au poste de police.
Le brigadier,° un homme très sérieux, m'a regardé **brigadier** police
d'un air soupçonneux.° Sa longue moustache lui sergeant
soupçonneux
donnait la mine° méchante. Après quelques instants suspicious
il m'a demandé: **mine** expression

—Que voulez-vous, monsieur?

—J'ai trouvé ce petit chien et je voudrais le rendre
à son maître—ai-je dit.

—Comment savez-vous que le chien est perdu?

—Il me l'a dit. J'ai répondu ainsi parce que la question était tellement bébête.° **bébête** silly

Il m'a jeté un regard fâché. Je me suis rendu compte qu'il n'aimait pas les réponses comiques. J'ai donc ajouté:

—Je veux dire, monsieur, que ses tristes yeux m'ont dit que ce pauvre animal devait être perdu.

—Excusez-moi, monsieur, a dit le brigadier. Voudriez-vous me donner quelques renseignements?° **renseignements** Information

—Avec plaisir—ai-je répondu avec politesse.

—Comment vous appelez-vous?

—Je m'appelle Percy Gladstone.

—Quel âge avez-vous?

—J'ai trente-cinq ans.

—Quelle est votre adresse?

—Je demeure à l'hôtel au coin de cette rue.

—Etes-vous citoyen° français? **citoyen** citizen

—Non, monsieur, je suis anglais.

—Votre passeport, s'il vous plaît!

—Pourquoi voulez-vous le voir?—ai-je demandé, parce que les questions commençaient à m'ennuyer.

—Je vous prie de répondre sans m'interrompre. Il me semble que vous ne parlez pas français comme un touriste étranger. Dites-moi, monsieur, où avez-vous appris à parler si bien le français?

—J'ai acheté un petit livre, *Le français en dix leçons faciles* et ça fait vingt ans que je l'étudie.

—Je vous avertis, monsieur. N'essayez pas de vous moquer de la police!

—Monsieur le Brigadier—ai-je dit, très agacé° **agacé** irritated maintenant—je ne peux plus souffrir cette interrogation. Je ne suis pas un criminel. Je suis tout simplement un homme honorable qui essaie d'aider un pauvre petit animal. Je vous assure que je ne suis pas perdu, moi. C'est le petit chien qui est perdu.

I. Répondez aux questions en phrases complètes.
1. Dans quelle ville est-ce que cette histoire se passe?
2. Que faisait Gladstone ce jour-là?
3. Qu'a-t-il vu dans la rue?
4. Comment Gladstone a-t-il trouvé le brigadier?
5. Comment savait-il que le chien était perdu?
6. D'où vient ce Monsieur Gladstone?
7. Comment parle-t-il français?
8. Depuis quand étudie-t-il le français?
9. Qui semble être perdu selon le brigadier?

II. Complétez chaque phrase avec l'expression qui convient.
1. Un jour Gladstone _____ un grand boulevard à Nice.
   a) s'est assis le long d'
   b) s'approchait des passants sur
   c) flânait sur
   d) promenait son chien sur
2. Le petit chien cherchait _____.
   a) une nouvelle maison
   b) son maître
   c) un agent de police
   d) un touriste anglais
3. Gladstone était sûr que le chien était perdu parce que l'animal _____.
   a) le lui a dit
   b) l'a dit au brigadier
   c) avait l'air très triste
   d) pleurait tout le temps
4. Gladstone a commencé à étudier le français quand il avait _____.
   a) 15 ans
   b) 35 ans
   c) 20 ans
   d) 25 ans
5. Vers la fin de l'interrogation, Gladstone a répondu avec ironie parce qu'il était _____.
   a) criminel
   b) honorable et sympathique

c) perdu

d) ennuyé et fâché

III. Répondez aux questions oralement ou par écrit.

1. As-tu un animal favori? Quel animal est-ce? Comment s'appelle-t-il/elle?
2. Quel âge as-tu?
3. Depuis quand étudies-tu le français?
4. Où demeures-tu?
5. De quel pays es-tu citoyen/citoyenne?

11. Le meilleur artiste

Salvador Dalí était à Paris où il visitait le Musée National d'Art Moderne. Le directeur du musée l'accompagnait pendant la visite. Ils admiraient les oeuvres° des artistes du vingtième siècle.° Dalí a regardé avec intérêt les tableaux de ses collègues dadaïstes et surréalistes: Klee, Michau, Miró et Ernst. Comme tant d'artistes, Dalí aime beaucoup les compliments. Mais il était trop fier pour demander au directeur ce que celui-ci pensait de ses oeuvres.

    —A votre avis, monsieur le directeur—a dit Dalí —qui est le meilleur peintre moderne?

oeuvres works
siècle century

Dalí parlait à voix basse, parce qu'il y avait beaucoup de gens près de lui qui pouvaient entendre sa question. Ils attendaient maintenant la réponse du directeur.

Le directeur était fort intelligent et il avait du tact. Il s'est rendu compte de l'importance de sa réponse. Il savait aussi que les gens qui les entouraient contesteraient n'importe quelle réponse. Ne voulant blesser° personne, le directeur a dit:

blesser to wound, to offend (here)

—Moi, j'aime toutes ces peintures et je ne sais pas laquelle est la meilleure.

Dalí a donc répété la question mais d'une autre façon.

—Si vous pouviez posséder un chef-d'oeuvre, lequel choisiriez-vous?

—Comme je suis le directeur du musée, je vois toutes ces oeuvres chaque jour. Je ne peux pas choisir la meilleure oeuvre.

Enfin Dalí a trouvé la question à laquelle le directeur devait répondre.

—Si, par hasard, il y avait un incendie° dans ce musée, quelle oeuvre sauveriez-vous?

incendie fire

—Je sauverais celle qui est tout près de la porte —a dit le directeur en souriant.

Tout le monde souriait aussi, sauf Monsieur Dalí.

I. Répondez aux questions en phrases complètes.
1. Comment s'appelle cet artiste espagnol?
2. Avec qui faisait-il le tour du musée?
3. Nommez quelques artistes modernes.
4. Que pensait Dalí de ses propres oeuvres?
5. Qu'est-ce que Dalí a demandé au directeur?
6. Pourquoi le directeur ne voulait-il pas répondre?
7. Quelle oeuvre le directeur choisirait-il comme possession?
8. Quelle est la question hypothétique que Dalí a posée?
9. Quelle oeuvre le directeur sauverait-il dans un incendie?
10. Comment Dalí a-t-il trouvé la réponse?

II. Choisissez la réponse correcte.

1. Dalí fait partie de quelle école de peinture?
   a) L'école française.
   b) Le mouvement ⟨⟨dada⟩⟩.
   c) L'école impressioniste.
   d) L'école du siècle futur.

2. Pourquoi le directeur n'a-t-il pas répondu exactement à la question de Dalí?
   a) Il ne voulait fâcher ni Dalí ni les autres.
   b) Il ne savait pas la réponse.
   c) Il ne voulait pas blesser Ernst qui était son ami.
   d) Il n'a pas entendu la question parce que Dalí parlait à voix basse.

3. Combien de fois est-ce que Dalí a posé la question?
   a) Une fois.
   b) Deux fois.
   c) Trois fois.
   d) Plus de trois fois.

4. Que ferait le directeur en cas d'incendie?
   a) Il sauverait un tableau du meilleur artiste.
   b) Il choisirait une peinture de Dalí.
   c) Il sortirait sans peinture parce qu'il a du tact.
   d) Il prendrait le tableau à l'entrée du musée.

5. Que pensait Dalí de la réponse du directeur?
   a) C'était une bonne réponse.
   b) Dalí a souri en entendant la réponse.
   c) Il était d'accord avec le directeur.
   d) La réponse ne l'amusait pas.

III. Répondez aux questions oralement ou par écrit.

1. Quelles peintures aimes-tu le mieux? Les peintures modernes, classiques, romantiques, impressionistes, ⟨⟨pop⟩⟩?
2. Quand fais-tu un tour du musée?
3. Es-tu artiste, peintre, sculpteur, dessinateur?
4. Que ferais-tu en cas d'incendie?
5. Si tu pouvais avoir une peinture, laquelle choisirais-tu? Pourquoi?

12. Le canoë

Après avoir fini ses études d'anthropologie à l'Univer-
sité de Rouen, le jeune savant est parti pour la Guyane
Française. Il voulait étudier les coutumes d'une tribu
sauvage qui vivait dans la forêt tropicale. Le village
se trouvait à l'intérieur du pays et il a donc fallu traverser des montagnes et des rivières avec un guide
indien. Pendant que l'Indien ramait° le canoë sur **ramait**   was rowing
l'Oyapock,° le jeune Français voulait montrer son **Oyapock**   river on
intelligence. the border of
French Gulana
and Brazil

—Sais-tu lire?—a-t-il demandé à l'Indien.

—Non, monsieur. Je ne suis jamais allé à l'école.

—Tu as perdu un quart de ta vie—a dit le jeune homme.—Sais-tu écrire?

—Non, monsieur. Je vous ai dit que nous n'avons pas d'école au village.

—Ah, tu as perdu la moitié° de ta vie. . . Comprends-tu les mathématiques?—a-t-il demandé.

moitié half

—Non, monsieur. Je ne comprends pas même le mot 《mathématiques》.

—Mon vieux, tu as perdu donc trois quarts de ta vie.

L'Indien s'est fâché à entendre ces questions et ces déclarations. Il s'est dit:—C'est moi qui rame ce bateau et qui lui sers de guide. En effet, la réussite° de cette aventure dépend de mes forces. Mais le jeune homme se moque de moi parce qu'il croit qu'il est mon supérieur. S'il était vraiment intelligent, il ne parlerait pas comme ça. Je voudrais bien lui apprendre qui est inférieur.

réussite success

Pendant ce temps, le ciel s'était couvert de nuages épais,° et un orage° a éclaté. Il y avait des éclairs° et des coups de tonnerre.° Il pleuvait des cordes. L'anthropologiste qui était mouillé jusqu'aux os,° tremblait de peur. Le vent était si fort que les vagues° entraient dans le bateau. A ce moment, le canoë s'est renversé et voilà les deux jeunes gens dans l'eau. L'Indien a crié à l'anthropologiste:

nuages épais thick
clouds
orage storm
éclairs lightning
tonnerre thunder
mouillé jusqu'aux os
soaked to the
bones
vagues waves

—Savez-vous nager?

—Non! Au secours!—était la réponse.

—Alors, tu as perdu ta vie entière! a ajouté l'Indien.

Malheureusement, il y avait aussi des piranhas et des alligators dans le fleuve. En voyant les deux hommes, ils se sont dit:

—Il n'y a pas de meilleure nourriture pour nous que ces deux individus qui se croient supérieurs l'un à l'autre.

I. Répondez aux questions en phrases complètes.

1. Où le jeune homme a-t-il fait ses études?
2. Quelle est sa profession?
3. Pourquoi est-il allé dans la forêt de la Guyane Française?
4. Qui l'a accompagné?
5. Comment ont-ils voyagé?
6. Qu'est-ce que c'est que l'Oyapock?
7. Pourquoi le savant a-t-il interrogé son guide?
8. Pourquoi l'Indien ne sait-il ni lire ni écrire?
9. Sait-il faire des mathématiques?
10. Comment est la vie de l'Indien selon l'anthropologiste?
11. Comment l'Indien a-t-il trouvé toutes ces questions?
12. Que faisait le guide pendant que le Français posait des questions?
13. Quel temps faisait-il?
14. De quoi l'anthropologiste avait-il peur?
15. Qu'est-ce qui est arrivé au canoë?
16. Le jeune homme sait-il nager?
17. Qu'y avait-il dans l'eau?
18. Lequel des hommes est vraiment supérieur?

II. Complétez chaque phrase avec l'expression entre parenthèses qui convient.

1. L'anthropologiste voulait aller (à la côte/à la montagne/dans la forêt) pour voir une tribu indienne.
2. Son guide ne savait pas (lire/nager/ramer).
3. Le savant croyait qu'il était très (athlétique/fort/intelligent).
4. Le Français a posé tant de questions parce qu'il (s'ennuyait avec/s'intéressait à/se moquait de) l'Indien.
5. On pouvait voir (des nuages/la tonnerre/des seaux) dans le ciel.
6. L'orage a fait (crier/peur/rire) à l'anthropologiste.
7. Maintenant le guide est supérieur parce qu'il sait (lire/nager/aller à l'école).
8. Les piranhas et les alligators vont manger (l'anthropologiste/le guide/tous les deux).

13. Les enfants savants

Le dimanche les gens du village se réunissent° au café. **se réunissent** gather together
Ils s'amusent à boire et à causer.° Quelquefois ils dis- **causer** to chat
cutent des choses sérieuses mais, en général, ils pré-
fèrent raconter des histoires amusantes.

—Ma cadette,° Lili,—dit Jean-Paul à ses compag- **cadette** youngest daughter
nons—est une fille qui comprend bien les mathéma-
tiques et qui a l'esprit° très logique. Hier, par exemple, **esprit** mind
sa sœur aînée, Suzanne, lui a demandé quel âge elle
avait. Lili a répondu: ⟨⟨Cinq ans⟩⟩.—⟨⟨Et l'an der-
nier⟩⟩?—⟨⟨Quatre ans⟩⟩.—⟨⟨Quatre et cinq font neuf,
donc tu as neuf ans⟩⟩—a dit Suzanne.

—Il n'est pas facile de tromper Lili. Tout de suite elle a demandé à sa soeur:—《Combien de jambes as-tu, Suzi》?—《J'ai deux jambes comme tout le monde, évidemment》!—《Et l'an dernier》?—《Deux aussi》. —《Bien, a dit Lili—deux et deux font quatre, donc tu as quatre jambes. Comme ça, tu es une vache》.°   **vache** cow

Maintenant, c'est Roger qui insiste que son fils Georges est encore plus intelligent.

—Il est évident qu'il va être un grand savant, mon Georges. Il y a huit jours il a attrapé° une saute- **attrapé** caught relle.° Il a mis l'insecte sur la table et quand il a crié: **sauterelle** grass- 《Saute!》° la sauterelle a sauté. Puis il lui a arraché° hopper les pattes.° De nouveau il a mis l'insecte sur la table **Saute!** Jump! et il a encore commandé: 《Saute!》 Mais cette fois la **arraché** pulled out **pattes** legs petite bête n'a pas sauté. 《Voilà la preuve—m'a dit **impôts** taxes Georges—que si on arrache les pattes à une sauterelle, elle devient sourde》.

—Mes amis—dit le vieux Masson—il est bien vrai que vos enfants sont intelligents. Mais, à mon avis, ma petite nièce Monique, un bébé de douze semaines, est l'enfant la plus intelligente du monde. Elle lit déjà le journal et elle écoute la radio. Elle passe tout son temps à penser aux problèmes du monde—la guerre, la pollution de l'air, le coût de la vie et les impôts° toujours montants.

—Oh, Masson—ont dit les autres—nous croyons ce que tu nous dis parce que tu es un homme digne, mais comment sais-tu ce que le bébé pense si elle ne parle pas encore?

—Il n'est pas nécessaire de parler avec elle pour savoir qu'elle réfléchit sur les problèmes internationaux et domestiques. Elle doit penser à ces choses tristes, parce qu'elle pleure nuit et jour.

I. Répondez aux questions en phrases complètes.
1. Pourquoi les villageois vont-ils au café?
2. Quel âge a la fille de Jean-Paul?
3. Selon la fille aînée quel âge a Lili?

4. Combien de jambes a Suzanne?
5. A quoi le fils de Roger s'intéresse-t-il?
6. Qu'est-ce qui rend sourdes les sauterelles selon Georges?
7. Quel âge a Monique?
8. Que peut-elle faire?
9. Est-ce que les amis de Masson croient son histoire?
10. Selon l'oncle pourquoi est-ce que sa nièce pleure tout le temps?

II. Complétez chaque phrase avec l'expression qui convient.
1. Jean-Paul est surtout fier de
   a) sa fille aînée.
   b) sa fille cadette.
   c) ses deux filles.
   d) la vache de sa fille.
2. L'année prochaine, Lili aura
   a) trois ans.
   b) six ans.
   c) dix ans.
   d) quatre jambes.
3. Georges pense que la sauterelle ne saute plus parce qu'elle
   a) ne peut pas l'entendre.
   b) n'a pas de pattes.
   c) est bête.
   d) n'aime pas les sciences.
4. Selon Masson, sa petite nièce
   a) regarde la télévision.
   b) parle de la guerre.
   c) lit les journaux.
   d) paie les impôts.
5. Masson trouve que Monique est très intelligente parce qu'elle
   a) n'a que trois mois.
   b) fait des mathématiques.
   c) a peur de la pollution.
   d) pleure beaucoup.

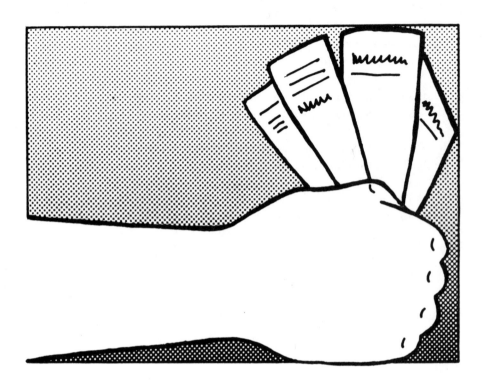

14. L'homme le plus malchanceux du monde

Monsieur Dupont, exportateur de dentelle,° avait établi sa maison de commerce à Bruxelles. Il habitait dans une maison de banlieue° près de la ville. Monsieur Dupont menait une vie honorable, mais il n'avait jamais de chance. Il est évident qu'il était vraiment l'homme le plus malchanceux du monde.

    Un jour, par exemple, il avait acheté un nouveau costume. Le lendemain il dînait dans un restaurant avec sa femme, et le garçon maladroit° a laissé tomber de la sauce sur son veston. Un autre jour, il venait de laver

dentelle lace

de banlieue suburban

maladroit awkward

sa voiture quand il a commencé à pleuvoir. Ça ne valait pas la peine d'avoir lavé l'auto! Il a fixé deux rendez-vous avec des commerçants importants. Chaque fois il a perdu l'affaire parce qu'il est arrivé en retard: la première fois parce qu'il avait un pneu crevé° et la deuxième fois parce que sa montre retardait de dix minutes. Au printemps il a planté son gazon.° L'été suivant rien n'a poussé parce qu'il avait planté les graines° sens dessus dessous.°

Un jour il a reçu un coup de téléphone urgent de sa femme qui était très agitée. La maison a pris feu et Dupont avait oublié de payer l'assurance-incendie.° Le pauvre homme s'est dépêché à sa voiture pour rentrer chez lui aussi vite que possible. Un agent de police à motocyclette l'a arrêté. Monsieur Dupont lui a rendu son permis de conduire et l'agent a commencé à rédiger° la contravention.°

—Vous avez dépassé la vitesse maximum; vous ne vous êtes pas arrêté au feu rouge; vous êtes entré dans une rue sens unique. Dites-moi, monsieur—a dit l'agent—c'est peut-être que vous devez courir à un incendie?

Et le pauvre Monsieur Dupont, un homme bien honnête qui ne ment jamais, a répondu:

—Oui, monsieur l'agent, il est vrai que je me dépêche à cause d'un incendie.

L'agent l'a regardé avec colère et a dit:—Je vais encore ajouter une plainte° de plus, parce que vous vous moquez de la police.

pneu crevé flat tire

gazon lawn
graines seeds
sens dessus dessous upside down

assurance-incendie fire insurance

rédiger to write out
contravention ticket

plainte charge

I. Répondez aux questions en phrases complètes.
1. Quel est le métier de Monsieur Dupont?
2. Où habite-t-il?
3. Qu'est-ce qui est arrivé à son costume neuf?
4. Quel temps faisait-il quand il a lavé sa voiture?
5. Pourquoi a-t-il perdu deux affaires importantes?
6. Qu'est-ce qui est arrivé la première fois?
7. Qu'est-ce qui s'est passé la deuxième fois?

8. Pourquoi le gazon n'a-t-il pas poussé?
9. Pourquoi sa femme était-elle agitée quand elle lui a téléphoné?
10. Pourquoi M. Dupont était-il agité aussi?
11. Qui a arrêté sa voiture?
12. Qu'est-ce que l'agent lui a donné? Pourquoi?
13. Quelle excuse a faite Monsieur Dupont?
14. Quelle est la quatrième plainte?

II. Répondez VRAI ou FAUX.
1. Monsieur Dupont avait de la chance.
2. Il travaillait et demeurait à Bruxelles.
3. Au restaurant le garçon a ruiné son costume.
4. Il a lavé sa voiture dans la pluie.
5. Il a manqué le premier rendez-vous à cause de sa voiture.
6. La deuxième fois c'était parce qu'il a pris la mauvaise route.
7. Il a un beau gazon vert devant sa maison.
8. Il va perdre sa maison, mais les assurances payeront.
9. L'agent avait raison de lui donner une contravention.
10. Dupont ne se moque pas de la police; il dit tout simplement la vérité.

III. Répondez aux questions oralement ou par écrit.
1. Demeures-tu en ville, en banlieue ou à la campagne?
2. As-tu de la chance en général?
3. Qui est la personne la plus malchanceuse de ta famille? Pourquoi?
4. Qui lave la voiture chez toi? Est-ce qu'il fait toujours beau après?
5. Quand arrives-tu à un rendez-vous, de bonne heure, à l'heure ou en retard?
6. Comment marche ta montre?
7. Quelle est la vitesse maximum dans la rue où tu habites? Sur les grandes routes?
8. Pour quelles autres raisons reçoit-on des contraventions?

FAINÉANT

15. Mon oncle Fainé

Dans chaque famille il y a quelqu'un qui est légendaire.° Dans ma famille, il s'appelle Oncle Fainé. Il
était le seul frère de ma mère et elle l'adorait. Moi,
je ne l'avais jamais vu. Mon père m'a raconté la con-
duite° bizarre de cet oncle.

Mon oncle Fainé ne travaillait pas mais il se met-
tait vraiment en colère lorsqu'on prononçait le mot
《fainéant》.° Selon mon père, cet oncle fameux disait:

—A mon avis, il faut s'amuser, il faut jouir de la
vie quand on est jeune. J'aurai assez de temps pour
travailler quand je serai vieux.

légendaire
legendary

conduite behavior

fainéant do-
nothing

43

La dernière fois qu'il a exprimé cette philosophie c'était le jour de son anniversaire. Il avait cinquante ans et il se vantait° de n'avoir jamais travaillé. Une seule fois il avait pensé à accepter une offre d'emploi. Il a pu se sauver grâce à la force de son caractère. Un de ses amis avait un magasin de confection° et il avait besoin de quelqu'un pour l'aider le samedi, seulement le samedi, une fois par semaine. La réaction de mon oncle Fainé était la question:

—Voyons! Vous voulez que je travaille tous les samedis?

Il s'est marié à l'âge de vingt et un ans; au début sa femme lui a demandé pourquoi il ne cherchait pas de travail.

—Ma chérie—a-t-il répondu—le mariage et l'emploi ne vont pas ensemble. Par conséquent, je ne travaille pas.

Pour moi, Oncle Fainé était le synonyme de fainéant.

Un jour ma mère a reçu un télégramme. Mon oncle Fainé allait nous rendre visite après une absence de dix ans. Comme je n'avais que neuf ans, j'allais le voir pour la première fois. La semaine avant sa visite, ma mère m'a répété chaque jour:

—Sois sage quand ton oncle arrivera. Surtout ne prononce pas le mot ⟨⟨fainéant⟩⟩. Elle continuait à me répéter:—Ne dis pas ⟨⟨faineant⟩⟩. Ne dis jamais ⟨⟨fainéant⟩⟩.

Enfin le jour est arrivé. Toute la famille attendait l'arrivée de cet oncle. Quelqu'un a frappé à la porte. Avant de l'ouvrir, ma mère a répété deux fois de plus:

—Ne dis pas ⟨⟨fainéant⟩⟩! Ne dis pas ⟨⟨fainéant⟩⟩!

Nous étions bien nerveux quand la porte s'est ouverte et notre oncle Fainé est apparu. Je l'ai regardé sans bouger.° Ma mère a embrassé son frère, en lui donnant un baiser° sur chaque joue.° Puis, en se tournant vers moi, elle a dit:

se vantait bragged

magasin de confection clothing store

bouger to budge
baiser kiss
joue cheek

44

—Embrasse ton oncle fainéant! . . . Je veux dire,
euh, embrasse ton oncle, fainéant! . . . Je veux dire
. . . embrasse . . . !

En entendant ce mot interdit° mon oncle s'est mis   **interdit forbidden**
en colère, il s'est retourné et il est sorti de la maison
sans même dire 《Adieu》.

C'etait la première et la dernière fois que j'ai vu
mon oncle Fainé.

I. Répondez aux questions en phrases complètes.
  1. Qui était l'oncle Fainé?
  2. Pourquoi était-il bizarre?
  3. Quand s'est-il fâché?
  4. Quand voudrait-il travailler?
  5. Quel âge avait l'oncle Fainé quand il s'est marié?
  6. De quoi l'oncle était-il fier?
  7. Pourquoi n'a-t-il pas travaillé avec son ami?
  8. Qu'est-ce que le télégramme a annoncé?
  9. Qu'est-ce que la mère a souvent répété à son enfant?
 10. Pourquoi Fainé n'est-il pas resté chez sa soeur?

II. Complétez chaque phrase avec l'expression entre parenthèses qui convient.
  1. Un 《fainéant》 (fait beaucoup/ne fait rien/fait trop).
  2. Tout le monde trouve bizarre la conduite de l'oncle Fainé, sauf (son beau-frère/son neveu/sa soeur).
  3. A cinquante ans il se croit (assez âgé pour travailler/toujours jeune/déjà vieux).
  4. Son ami lui a demandé de travailler (tous les samedis/un samedi/une semaine).
  5. Puisqu'il pense que le mariage et le travail ne vont pas ensemble, il a choisi (le mariage/le travail/un peu de chacun).
  6. Oncle Fainé n'a pas visité sa soeur depuis (9/10/21) ans.
  7. Le mot 《fainéant》 est (interdit/permis/accepté) pendant la visite de l'oncle.
  8. La mère était (embarrassée/fâchée/joyeuse) de voir son cher frère.

9. Dans sa confusion elle a appelé son frère (un fainéant/son oncle/un vieux).
10. L'oncle est parti (en disant ⟨⟨au revoir⟩⟩/sans bagages/sans un mot).

III. Répondez aux questions oralement ou par écrit.
1. Es-tu travailleur ou fainéant?
2. Qui est légendaire dans ta famille? Pourquoi?
3. Aimerais-tu être enfant unique? Pourquoi?
4. As-tu un emploi maintenant?
5. Quelle est ta philosophie du travail et de la vie?

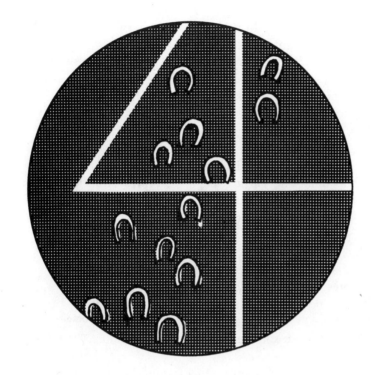

16. Les Français et les Indiens

En France, on l'appelle la Guerre de Sept Ans, mais en Amérique c'est la Guerre des Français et des Indiens.

Les Français dans le Nouveau Monde étaient surtout chasseurs et marchands de fourrures.° Ils menaient une vie rustique tout comme les Indiens. Les Anglais qui voulaient établir des colonies permanentes ont déclaré la guerre contre les Français.

Le Marquis de Montcalm commandait l'armée française au Canada et dans le pays qui est maintenant les Etats-Unis. C'était un général habile et brave. Ses soldats et les chasseurs français l'aimaient beaucoup. Il

fourrures furs

était aussi l'ami des Peaux-Rouges° comme on appelait les premiers habitants du pays.

Peaux-Rouges Indians

Les Français savaient que les Indiens étaient d'excellents traqueurs. Ils pouvaient suivre la piste° des soldats anglais dans la forêt et à travers les montagnes. On croyait toujours les renseignements des Peaux-Rouges et Montcalm comptait beaucoup sur eux dans les batailles.

piste track

Une fois, lorsque Montcalm était sorti avec quelques soldats et un guide indien, ils ont trouvé des empreintes° des soldats de l'armée anglaise. Après être descendu de son cheval, l'Indien a examiné les empreintes et il a annoncé au général:

empreintes footprints

—Cinq cents cavaliers ont passé par ici il y a une heure et demie.

Le général a ordonné que ses soldats suivent l'armée ennemie. Après une marche de dix kilomètres, ils ont découvert les cinq cents soldats, exactement comme l'Indien l'avait prédit.° Cette fois l'ennemi anglais était vaincu:° les soldats se sont rendus après une bataille sanglante.°

prédit predicted
vaincu conquered
sanglante bloody

Le général, très surpris, a approché l'Indien pour lui demander:

—Comment avez-vous su qu'il y avait cinq cents cavaliers?

—C'était bien facile, mon général—a dit le traqueur. J'ai compté les empreintes des chevaux et je les ai divisées par quatre.

I. Répondez aux questions en phrases complètes.
1. Comment les Français gagnaient-ils leur vie en Amérique?
2. Comment vivaient-ils?
3. Quel rapport Montcalm avait-il avec ses soldats?
   Avec les Peaux-Rouges?
4. Quel service les Indiens ont-ils rendu aux Français?
5. Combien de cavaliers y avait-il selon l'Indien?
6. Quand est-ce que les soldats anglais sont partis de cet endroit?
7. Qui a gagné la bataille ce jour-là?

8. Comment était Montcalm après la bataille?
9. Qu'est-ce que l'Indien a fait pour arriver à sa réponse?

II. Choisissez la réponse correcte.
1. Pourquoi est-ce que les Français et les Indiens étaient chasseurs?
   a) C'était un sport.
   b) C'était leur nourriture.
   c) Pour la viande et pour les fourrures.
   d) Parce que les animaux étaient dangereux.
2. Qui étaient les premiers habitants du Nouveau Monde?
   a) Les Anglais.
   b) Les Canadiens.
   c) Les Français.
   d) Les Indiens.
3. Qu'est-ce que les empreintes ont révélé à l'Indien?
   a) Pourquoi les soldats étaient là.
   b) Combien de soldats il y avait.
   c) Le nombre de soldats et quand ils étaient là.
   d) Quelles armes les soldats portaient.
4. Qui a gagné cette bataille?
   a) Les Anglais.
   b) Les Français.
   c) Les Indiens.
   d) Personne.
5. Quel est le problème mathématique de l'Indien?
   a) $2.000 \div 4 = 500$
   b) $500 \times 4 = 2.000$
   c) $100 \times 5 = 500$
   d) $500 \div 4 = 125$

17. Quel cauchemar!°

cauchemar night-mare

La nuit avant l'examen final de français, je n'ai pas bien dormi. J'ai récité les mots du vocabulaire au lieu de compter des moutons. Si je ne réussissais pas à l'examen, je ne recevrais pas mon diplôme. Tout à coup, à la lumière de la lune, j'ai vu un visage diabolique qui s'approchait de moi. Il ressemblait un peu à mon professeur de français et un peu plus au diable.°

diable devil

—Que voulez-vous? ai-je demandé tremblant de peur.

—Je suis l'Examen—a-t-il répondu. Je suis venu pour te punir.

50

—Pour me punir? ai-je dit, incrédule.° Qu'ai-je **incrédule** unbe-lieving
fait de si mal?

—Tu ne viens pas toujours à la classe. Tu arrives toujours en retard. Tu ne fais jamais attention. Tu n'étudies point. Tu ne fais rien . . .

—Ce n'est pas vrai. Je travaille comme un cheval.

—C'est ça, a-t-il dit. Tu devrais travailler comme un homme, pas comme un cheval.

—J'ai tant étudié que je sais réciter mes leçons par coeur. Je peux même les réciter à partir de la fin.° **à partir de la fin** backwards

—A la renverse? Ça ne fait rien. Tu devrais réciter tes leçons du début à la fin.

A ce moment j'ai remarqué qu'il tenait à la main un énorme crayon à la pointe rouge. J'ai hurlé° de **hurlé** yelled out peur:

—Dès maintenant je vous promets d'être plus diligent.

—Tu me fais ces promesses beaucoup trop tard— a répondu l'Examen.

—Je vous assure que je serai diligent. J'aiderai ma mère, ma sainte mère. Pour ma chère maman, je vous supplie . . . Ah, mon Dieu!

Le fantôme a baissé la main . . . Et puis, très vite, il m'a donné des coups 《de crayon》. Chaque fois que la pointe rouge s'enfonçait° dans mon corps, il a crié: **s'enfonçait** plunged

—Zéro, zéro, zéro!

—Quel cauchemar!

I. Répondez aux questions en phrases complètes.
1. Qu'est-ce que l'élève répétait quand il était au lit?
2. Pourquoi est-ce que cet examen était si important?
3. Qu'est-ce qui a apparu dans sa chambre?
4. Qui était cette personne?
5. Pourquoi a-t-il rendu visite au garçon?
6. Quel genre d'étudiant était celui-ci?
7. En quel ordre faut-il réciter?
8. Qu'est-ce que l'élève promet?

9. Avec quoi est-ce que l'Examen a attaqué le jeune homme?
10. Quelle note l'élève pense-t-il recevoir?

II. Choisissez la réponse correcte.
1. Qui est le narrateur de ce conte?
   a) Un étudiant diligent.
   b) Un professeur de français.
   c) Le diable.
   d) Un garçon paresseux.
2. Qui a-t-il vu la nuit?
   a) Quelques moutons.
   b) Des mots de vocabulaire.
   c) Le prof de français.
   d) Quelqu'un qui ressemblait beaucoup à Satan et un peu au prof.
3. Pourquoi l'Examen veut-il punir ce garçon?
   a) Il ne fait rien en classe.
   b) Il va à l'école tous les jours.
   c) Il arrive toujours à l'heure pour ses classes.
   d) Il étudie toute la journée.
4. Comment faut-il qu'on étudie?
   a) Comme un cheval.
   b) Jusqu'à ce qu'on puisse réciter ses leçons de la fin au début.
   c) Avec diligence.
   d) Avec incrédulité.
5. Comment l'Examen a-t-il puni l'étudiant?
   a) Il lui a demandé de faire des promesses.
   b) Il l'a attaqué avec son crayon rouge.
   c) Il l'a grondé sévèrement.
   d) Il lui a donné trois zéros.

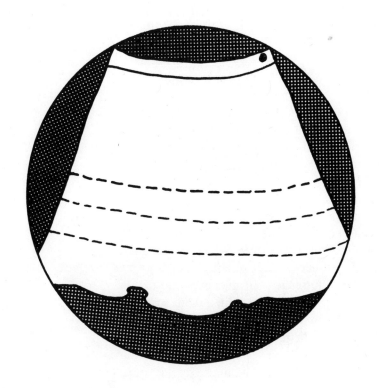

18. La mode

—Maman, comment trouves-tu la mode d'aujourd'hui?
a demandé Françoise. Aimes-tu les mini-jupes, par
exemple?

    —Tous les styles me plaisent—a dit la mère—
ceux d'aujourd'hui autant que ceux du passé. A mon
avis, chaque génération a ses propres goûts. Je vais
te raconter quelque chose d'intéressant. Notre famille
a créé une mode élégante. Tout le monde en riait
quand j'avais quinze ans, mais récemment cette mode
est devenue chic.

    —Tu me taquines,° maman!

taquines tease

—Non, ma chérie, c'est vrai. . . Un jour j'ai acheté
une jupe qui était trop longue. Il était nécessaire que
ma mère la raccourcisse.° C'est ta grand-mère Sylvie.   **raccourcisse**
    —Il faut que je fasse des courses—ma mère m'a   shorten
dit. Je regrette beaucoup. A propos, pourquoi ne pas
le faire toi-même? Tu apprends à coudre° à l'école.   **coudre**   to sew

    J'avais un tas de° choses à faire moi-même, donc   **un tas de**   a lot of
je suis allée chez ma grand-mère Nicole, ton arrière-
grand-mère. Elle avait mal à la tête. Il ne restait que
ta tante Joséphine, mais celle-ci avait un rendez-vous
avec son ami, ton oncle Marc. J'ai fini par laisser la
jupe sur une chaise et je suis sortie.

    Ma grand-mère Nicole se portait° mieux pendant   **se portait**   was
mon absence et elle est venue pour raccourcir la jupe.   feeling
Ta grand-mère Sylvie l'a trouvée sur la chaise quand
elle est rentrée et elle a fait pareil. Quand je suis
rentrée, j'étais trop fatiguée pour m'occuper de la jupe.

    Toute la famille était déjà au lit quand Joséphine
est rentrée après son rendez-vous avec Marc. Elle a
décidé de raccourcir la jupe, elle aussi.

    Le lendemain je me suis levée très tôt pour raccour-
cir ma nouvelle jupe. C'était dimanche et je voulais
la porter à l'église.

    La famille prenait le petit déjeuner quand je suis
entrée dans la salle à manger dans cette jupe très, très,
très courte. C'était la première mini-jupe, mais maman
ne m'a pas permis d'aller à la messe, habillée de cette
façon.

I. Répondez aux questions en phrases complètes.
    1. Comment la mère de Françoise trouve-t-elle les mini-jupes?
    2. Quelle mode sa famille a-t-elle créée?
    3. Comment était la jupe que la mère venait d'acheter?
    4. A qui a-t-elle demandé de l'aider?
    5. Pourquoi est-ce que Sylvie a dit non?
    6. Pourquoi est-ce que sa grand-mère a refusé? Et sa soeur?
    7. Qu'est-ce que sa grand-mère a fait plus tard?
    8. Combien de personnes ont raccourci la jupe?

9. Comment était la jupe quand la mère l'a mise?
10. Est-ce qu'elle l'a portée à l'eglise? Pourquoi pas?

II. Corrigez ces phrases fausses en remplaçant les mots soulignés.
1. La mère de Françoise déteste les robes à la mode.
2. Quand elle était plus âgée, sa famille a inventé la dernière mini-jupe.
3. La mère a fait une jupe qui était trop courte.
4. Elle a voulu que la famille l'aide à l'allonger.
5. Sa mère allait faire des études.
6. Sa grand-mère avait mal au pied.
7. Sa soeur Joséphine sortait avec son oncle.
8. La mère de Françoise a raccourci la jupe le même soir.
9. Maintenant la jupe était trop longue.
10. C'était samedi et elle voulait la porter au cinéma.

III. Répondez aux questions oralement ou par écrit.
1. Les jupes à la mode aujourd'hui, sont-elles longues ou courtes?
2. Quels vêtements as-tu faits?
3. Qui raccommode les vêtements pour toi?
4. Comment tes parents trouvent-ils les goûts de ta génération?
5. Que portes-tu à l'école? à l'église? en ville?

19. Un chirurgien éminent

Je passais mes vacances à St. Jean de Luz dans le Pays Basque. Ce n'était pas loin de l'Espagne et j'avais toujours voulu voir une corrida.° J'imaginais les costumes aux couleurs brillantes du spectacle qui oppose l'homme à l'animal. Ainsi donc un après-midi très chaud, je faisais la queue° devant le guichet° à l'arène de San Sebastian. La vendeuse m'a demandé si je voulais un billet *soleil, soleil et ombre*° ou *ombre*.

Un étranger m'a aidé à choisir la meilleure place. C'était le docteur Pidal, le fameux chirurgien° qui se passionne pour la corrida.°

corrida bullfight

faisais la queue was standing in line
guichet ticket window
ombre shade

chirurgien surgeon

—Moi, je prends toujours «soleil et ombre» m'a-t-il expliqué. De cette façon je profite du soleil pour la première partie et de l'ombre pour la seconde moitié de la corrida. Si vous voulez, monsieur, nous nous assiérons ensemble, pour que je puisse vous expliquer les détails difficiles de cet art.

Nous venions de trouver nos places quand le défilé° a commencé. Tout de suite j'ai remarqué une grande transformation dans le visage de mon nouvel ami. Avant le spectacle il était tranquille, mais maintenant il devenait émotionnel. Il a sévèrement critiqué les toréadors maladroits. Le matador essayait de tuer le taureau avec son épée,° mais il n'y a pas réussi. Je ne me sentais pas bien en voyant l'arène couverte de sang. Mon ami s'est mis en colère et j'ai pensé qu'il allait lui-même attaquer tous les toréadors.

—Tuez-le! a-t-il crié. Tuez le matador, pas le taureau! Ce n'est pas un matador, c'est un boucher! Coupez-lui les oreilles! Pas celles du pauvre taureau, mais celles du matador!

Le médecin a fait de même pour les sept taureaux de l'après-midi. Comme il était agité, fâché et féroce! Quand je me suis levé pour partir, je me suis blessé le doigt sur un clou° dans le banc. Voyant la petite blessure, mon ami a pâli, et le grand chirurgien . . . s'est évanoui°. . .

Quand il est revenu à lui,° je lui ai demandé:

—Qu'est-ce qui vous est arrivé, docteur? Etes-vous malade?

D'une voix faible il a confessé:

—Mon vieux, je vais vous révéler un grand secret. Je ne peux pas supporter la vue du . . . sang . . . humain.

De temps en temps, quand je pense au docteur Pidal, je ne peux pas croire qu'il soit vraiment chirurgien.

défilé parade

épée sword

clou nail

évanoui fainted

est revenu à soi regained consciousness

I. Répondez aux questions en phrases complètes.
1. Où est le Pays Basque?
2. Que portent les toréadors?
3. Qui se bat dans une corrida?
4. Quel temps faisait-il ce jour-là?
5. Quel billet le spectateur a-t-il acheté?
6. Qui était le docteur Pidal?
7. Comment a commencé le spectacle?
8. Comment le docteur a-t-il changé?
9. Comment a-t-il trouvé les toréadors?
10. Pourquoi le narrateur n'allait-il pas bien?
11. Qu'est-ce que le docteur a appelé le matador?
12. Qu'est-ce qui est arrivé au narrateur?
13. Qu'est-ce qui est arrivé au chirurgien?
14. Croyez-vous que le docteur Pidal soit chirurgien? Pourquoi?

II. Choisissez la réponse correcte.
1. Combien de fois le narrateur avait-il assisté à une corrida?
   a) Souvent.
   b) Une seule fois.
   c) Jamais.
   d) Plusieurs fois.
2. Quelle place préfère le docteur?
   a) Au soleil.
   b) A l'ombre.
   c) Au soleil et à l'ombre.
   d) Au premier rang.
3. En voyant le premier taureau, qu'est-ce que le docteur a fait?
   a) Il a crié des injures.
   b) Il est resté tranquille.
   c) Il a essayé de tuer le taureau.
   d) Il est tombé malade.
4. Pourquoi l'arène était-elle couverte de sang?
   a) Le taureau était maladroit.
   b) Le matador ne savait pas comment tuer le taureau.
   c) Le docteur a critiqué les toréadors.
   d) Le matador a eu un accident avec son épée.

5. Qui le docteur voulait-il tuer?
   a) Les spectateurs.
   b) Le taureau.
   c) Le matador.
   d) Un boucher.
6. Pourquoi Pidal s'est-il évanoui?
   a) Le docteur s'est coupé le doigt.
   b) Il n'aimait pas voir le sang humain.
   c) L'arène était tellement sanglante.
   d) On a coupé les oreilles au matador.

III. Répondez aux questions oralement ou par écrit.
1. Voudrais-tu assister à une corrida? Pourquoi?
2. Quel est ton sport préféré?
3. Quel sport préfères-tu en spectateur?
4. Quel petit accident t'est arrivé récemment?
5. Qu'est-ce que tu ne peux pas supporter?

20. Dans la bouche close,
la mouche n'entre pas I

Au cours de la nuit obscure je suis descendu en parachute pas loin de la capitale. Quelle capitale? Alger
. . . Tunis . . . Rabat . . . Peu importe le nom de la
capitale ou du pays! Moi, je suis aventurier, je ne suis
pas patriote. Je ne vis pas pour la gloire d'un pays, je
me bats° pour la nation qui me paye. Quel est mon   **me bats** fight
nom? Pour le moment je m'appelle Louis Zéro, espion.
   L'avion a disparu et j'ai enterré° mon parachute.   **enterré** burled
Je me suis mis en route pour la ville, tout en évitant°   **évitant** avoiding
les grands chemins. Ma mission dangereuse était de

trouver le chef des mouchards° de la junte révolu- **mouchards** police spies
tionnaire, le fameux Boucheclose. Il a appris l'espion-
nage de son père, qui l'avait appris de son grand-père.
Un de ses ancêtres avait pris la responsabilité de la
défaite des Français à Compiègne où Jeanne d'Arc
était prisonnière. Son arrière-grand-père était soldat
dans la Bataille de Moscou et dans la Bataille de
Waterloo. Personne ne sait pour quelle armée il four-
nissait des renseignements.

Les Boucheclose étaient très courageux. Beaucoup
d'eux sont morts parce qu'ils ont refusé de révéler les
secrets de l'ennemi. Leur devise° était: «Bouche close **devise** motto
même devant les dentistes». Les communistes n'ont
jamais pu les attraper. Les commandants russes
disaient:

—Ce sont des rusés, les Boucheclose. Il est évident
que dans un Boucheclose, Moscou n'entre pas.

A six heures du matin, après une longue marche,
je suis arrivé à la gare.° Cinq minutes plus tard, je **gare** railroad station
suis monté dans le train et je suis entré dans les toi-
lettes. Là je me suis déguisé: j'ai mis une perruque,° **perruque** wig
une moustache et une barbe.° **barbe** beard

En ville, j'ai pris un taxi pour aller en banlieue.
Plusieurs fois j'ai changé de transport et de déguisement. Je suis descendu de l'autobus dans une rue pas
loin de la résidence des Boucheclose. J'y suis allé à
pied en m'assurant° que personne ne me suivait. **en m'assurant** making sure

I. Répondez aux questions en phrases complètes.
 1. Quelle est l'occupation du narrateur?
 2. Comment est-il decendu de l'avion?
 3. Pour qui se bat-il?
 4. Comment s'appelle-t-il à ce moment?
 5. Où a-t-il mis le parachute?
 6. Qui cherchait-il?
 7. Quelle était la profession des Boucheclose?
 8. Dans quelles batailles se sont-ils battus?
 9. Quelle est la devise de cette famille?

10. Pourquoi les Russes n'ont-ils jamais attrapé un Boucheclose?
11. Où Louis Zéro est-il allé très tôt le matin?
12. Comment s'est-il déguisé?
13. Comment est-il allé chez les Boucheclose?
14. Pourquoi a-t-il regardé en tous les sens?

II. Répondez VRAI ou FAUX.
1. L'espion est arrivé à l'aéroport d'Alger.
2. Louis Zéro est le vrai nom du narrateur.
3. Il n'a pas suivi les grandes routes.
4. Le fameux Boucheclose cherchait Louis Zéro.
5. Les grands-pères Boucheclose étaient des espions célèbres.
6. Les Russes disaient que cette famille avait de mauvaises dents.
7. Louis a mis plusieurs déguisements avant d'arriver chez les Boucheclose.
8. En arrivant à la maison, il a vu quelqu'un qui le suivait.

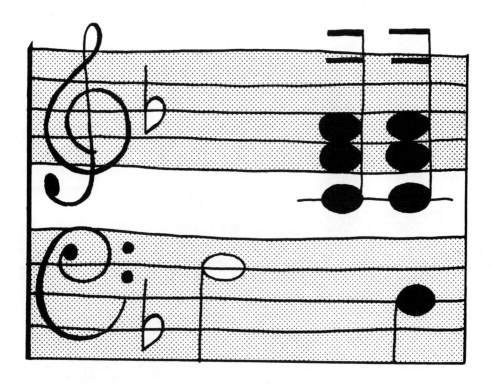

21. Dans la bouche close, la mouche n'entre pas II

Enfin je suis entré dans le couloir;° j'ai lu la liste des locataires° de l'immeuble.° J'ai trouvé celui que je cherchais: «Boucheclose, 2ᵉ étage». Je me suis déguisé de nouveau en changeant de moustache. Pendant que je montais l'escalier, je répétais le mot de passe. C'était la première partie de la chanson française «Alouette». Pour m'identifier devant Boucheclose, je devais chanter les premiers vers de la chanson, et Boucheclose devait me répondre en chantant les vers suivants.

couloir hallway

locataires tenants
immeuble apartment building

En arrivant au deuxième étage, j'ai vu une carte
d'adresse avec le nom BOUCHECLOSE à la porte.
J'ai frappé prudemment, trois fois selon le signal
convenu.° La porte s'est ouverte un peu. Par l'ouverture j'ai vu un oeil qui me regardait avec grand intérêt. J'ai commencé à chanter:

—Alouette, gentille alouette, alouette je te plumerai.° Je te plumerai la tête, je te plumerai la tête. . .
La porte était ouverte maintenant. Un petit homme
était devant moi. Il était gros et chauve° et il avait le
visage doux et rond. Il tenait un balai° à la main.

Cet homme qui ressemblait à Jacques Bonhomme,°
ou plutôt à sa femme, pouvait-il être le fameux espion?
Impossible! Sans doute, ceux pour qui je travaillais
ne se fiaient° plus à moi. Voulaient-ils se débarrasser°
de moi?

A cet instant le type a ouvert la bouche et j'ai
entendu une voix de soprano:

—Oh! . . .

Allait-il chanter le refrain? «Oooh, alouette, gentille alouette. Alouette je te plumerai».

—Oh! a-t-il répété encore une fois, —Oh, je crois
que vous vous êtes trompé, monsieur. Je suis Boucheclose le boxeur. Vous devez chercher Boucheclose
l'espion. Il habite au cinquième étage.

convenu agreed
upon

plumerai pluck out
feathers

chauve bald

balai broom

Jacques Bonhomme
name used to
refer to a French
peasant

se fiaient trusted
se débarrasser to
get rid

I. Répondez aux questions en phrases complètes.
 1. Comment Louis a-t-il trouvé l'appartement de Boucheclose?
 2. Où habitait Boucheclose selon cette liste?
 3. Est-il monté à pied ou a-t-il pris l'ascenseur?
 4. Comment allait-il s'identifier?
 5. Où était la carte de visite?
 6. Combien de fois a-t-il frappé à la porte?
 7. Est-ce qu'on a ouvert la porte tout de suite?
 8. Qu'est-ce qui s'est passé quand Louis a commencé la chanson?
 9. Décrivez l'homme qui a ouvert la porte.
 10. Qu'avait-il à la main?
 11. A qui ressemblait-il?

12. Que pensait Louis quand il a vu cet homme?
13. Qu'a-t-il pensé quand il a entendu 《〈Oh!〉》?
14. Qui était cet homme?
15. Où demeure Boucheclose l'espion?

II. Complétez chaque phrase.

1. La liste des locataires était
2. Le mot de passe est
3. En entendant la première partie de la chanson
4. BOUCHECLOSE, en grandes lettres, était
5. Quand Louis a frappé à la porte
6. L'homme chauve était
7. Louis ne pouvait pas croire que
8. Louis pensait que ses amis
9. Boucheclose le boxeur habitait
10. Boucheclose l'espion habitait

a) cet homme était le célèbre Boucheclose.
b) désiraient se débarrasser de lui.
c) l'espion devait chanter le refrain.
d) à l'entrée de l'immeuble.
e) en train de balayer.
f) un oeil l'a regardé.
g) au deuxième étage.
h) sur une carte de visite.
i) au cinquième étage.
j) une chanson française.

22. Une femme de mauvaise humeur

Monsieur Duval s'est marié avec une femme de mauvaise humeur.° Il était agréable, mais elle était toujours désagréable.

    mauvaise humeur
    Ill-tempered

    Un jour elle regardait un cortège funèbre qui passait dans la rue. Un groupe de musiciens jouait la marche funèbre et il y avait au moins cinquante voitures dans le cortège. Un homme qui était à côté de Madame Duval lui a demandé:

—Pouvez-vous me dire qui est mort? C'est un homme très important sans doute si on l'honore de cette façon.

—Monsieur—a-t-elle dit sans même le regarder—
je ne sais pas qui est mort. Mais je crois que c'est
celui qui est dans la première voiture.

Monsieur Duval était un homme très philosophe
qui ne se plaignait jamais de sa femme, quoiqu'elle
essaie toujours de l'agacer.° Un après-midi il était **agacer** to provoke
prêt à partir pour faire une conférence littéraire.

—Où vas-tu? a-t-elle demandé.

—Je vais à la société littéraire, ma chérie, a-t-il
répondu.

—Pourquoi veux-tu me mentir? a-t-elle dit.

—Mais je te dis la vérité, Marie-Ange. Je vais à
la conférence.

—Misérable! Quand tu me dis que tu vas à la
conférence, c'est pour me faire croire que tu vas au
café. Tu sais que je me fâche quand tu vas au bar.
Pourquoi essaies-tu de me tromper comme ça?—a-t-elle
crié d'une voix de tonnerre.

—Monsieur Duval ne voulait pas se défendre contre
la logique extraordinaire de son épouse. Il ne lui a pas
répondu. Il a souri pour la calmer. Plus il souriait
plus elle se fâchait. Enfin, quand elle n'en pouvait
plus,° elle a saisi un seau° plein° d'eau et elle l'a **n'en pouvait plus**
lancé vers son mari. couldn't stand it
any longer
seau bucket
plein full

Duval était mouillé de la tête aux pieds quand il
est sorti dans la rue où son ami Moreau l'attendait.
Celui-ci avait entendu toute la conversation et il était
vraiment étonné que Duval continue à sourire.

—Mon vieux, comment est-il possible que tu souries
toujours lorsque ta femme te gronde et te jette de
l'eau?

—Je souris—a dit Duval d'un air philosophe—
parce que je me rappelle qu'après le tonnerre vient
la pluie.

I. Répondez aux questions en phrases complètes.
  1. Comment était Madame Duval?
  2. Pourquoi y avait-il des musiciens dans la rue?

3. Pourquoi le monsieur pensait-il qu'un homme important soit mort?
4. Comment est-ce que Mme Duval a répondu à la question de l'homme?
5. Où allait Monsieur Duval un après-midi?
6. Que croyait sa femme?
7. Pourquoi Duval a-t-il souri?
8. Qu'est-ce qu'elle lui a lancé?
9. Qu'a-t-il fait alors?
10. Pourquoi a-t-il continué à sourire?

II. Choisissez la réponse correcte.
1. Qui était dans la première voiture du cortège funèbre?
   a) Le monsieur qui regardait la procession.
   b) Le mort.
   c) Les musiciens.
   d) La famille du mort.
2. Qu'est-ce que M. Duval allait faire cet après-midi?
   a) Il allait au café pour prendre un petit verre.
   b) Il allait faire une conférence sur un sujet littéraire.
   c) Il allait rester chez lui.
   d) Il allait répondre aux injures de sa femme.
3. Pourquoi Madame Duval a-t-elle lancé le seau d'eau?
   a) Parce que la pluie vient après le tonnerre.
   b) Parce qu'elle était surtout logique.
   c) Parce que son mari voulait la tromper.
   d) Parce que son époux restait calme.
4. Monsieur Duval est sorti de chez lui tout mouillé, mais comment a-t-il trouvé la situation?
   a) Naturelle.
   b) Insupportable.
   c) Étonnante.
   d) Agréable.

III. Répondez aux questions oralement ou par écrit.
1. Es-tu de mauvaise ou de bonne humeur?
2. Qu'est-ce qui t'ennuie?
3. Quand te fâches-tu?
4. Quand tes parents te grondent-ils?

23. Une histoire terrifiante

David Livingstone était l'explorateur écossais qui a cherché à pénétrer l'Afrique inconnue. Il était le premier homme à ouvrir le continent noir à la civilisation européenne. La région est devenue plus tard un territoire français. L'histoire des aventures de Livingstone dans l'Afrique Centrale montre le courage et la modestie de cet homme extraordinaire.

Livingstone aimait faire des promenades avec ses enfants quand il était chez lui en Ecosse. Il leur parlait des plantes, des oiseaux et des insectes qu'ils observaient. De temps en temps il disparaissait. Les enfants cherchaient partout, mais en vain. Soudain il s'élançait° vers eux avec un rugissement° terrible. Les enfants demandaient toujours qu'il raconte comment il avait failli° mourir aux griffes d'un lion.

s'élançait would throw himself
rugissement growl
avait failli almost

Livingstone était allé à la chasse au lion dans le pays qui est maintenant la Zambie. Les Africains croyaient que le lion était une sorcière° déguisée et ils ne voulaient pas le tuer. Livingstone avait aperçu un lion derrière un buisson° sur un rocher. Il a pris son fusil et il a tiré. C'était un vieux fusil, donc il fallait deux ou trois minutes pour le recharger. Le chasseur avait besoin d'aide. Un cri terrifiant l'a fait regarder en haut. Il a vu le lion blessé bondir° sur lui. Livingstone est tombé par terre le lion sur lui.

sorcière witch

buisson bush

bondir to spring

Il sentait l'odeur de l'animal. Tout se passait comme dans un cauchemar. Il ne sentait ni douleur° ni peur. L'air était plein des rugissements du lion. Livingstone essayait de se libérer du lion. L'animal s'est levé un instant, puis il est tombé par terre, mort. Pour la première fois, l'explorateur a appris ce que c'était que la peur.

douleur pain

Cet homme, si brave qu'il ait été devant les terreurs de la jungle, ne se sentait pas à l'aise dans une foule de gens. Une fois sa femme l'accompagnait à un rendez-vous chez un éditeur à Londres. Le taxi s'est arrêté à cause d'un embouteillage.° La confusion régnait—les klaxons,° le grincement des freins,° les injures—quand quelqu'un a crié:

embouteillage traffic jam
klaxons horns
grincement des freins screeching of brakes

—Regardez! Voilà Livingstone, l'explorateur de l'Afrique! On a entouré le taxi en comblant° le passager de félicitations, de questions et de demandes d'autographes.

comblant overwhelming

Livingstone, tout à fait énervé maintenant, a saisi la main de sa femme et ils ont échappé par la portière vers un autre taxi.

—Où voulez-vous aller, monsieur? a demandé le nouveau chauffeur.

—N'importe où, mais allez-y vite!

La femme de Livingstone riait. Voilà l'explorateur qui n'avait pas peur des animaux sauvages, mais qui avait peur maintenant d'une foule admirative à Londres.

I. Répondez aux questions en phrases complètes.
1. Où Livingstone a-t-il fait ses explorations?
2. Quel jeu jouait-il avec ses enfants?
3. Comment a-t-il failli mourir?
4. Qu'est-ce que les Africains croyaient du lion?
5. Pourquoi Livingstone n'a-t-il pas pu recharger le fusil plus vite?
6. Est-ce qu'il a tué le lion tout de suite?
7. Livingstone était-il à l'aise avec la foule?
8. Qu'est-ce qui lui a fait peur à Londres?
9. Pourquoi sa femme a-t-elle ri?

II. Complétez chaque phrase.

1. David Livingstone était	a) mais il ne l'a pas tué immédiatement.
2. Il a exploré	
3. Il avait peur pour la première fois	b) quand un lion l'a attaqué.
	c) de son aventure avec le lion.
4. Livingstone a blessé le lion	d) sur lui.
5. Le lion est tombé	e) brave et modeste à la fois.
6. Ses enfants aimaient l'histoire	f) des gens.
7. Il avait toujours peur	g) l'Afrique Centrale.

III. Répondez aux questions oralement ou par écrit.
1. De qui ou de quoi as-tu peur?
2. Aimes-tu parler de tes aventures?
3. Que voudrais-tu faire si tu allais en Afrique?
4. Préfères-tu habiter la jungle ou la ville? Explique ta réponse.
5. Qu'est-ce qui t'énerve?

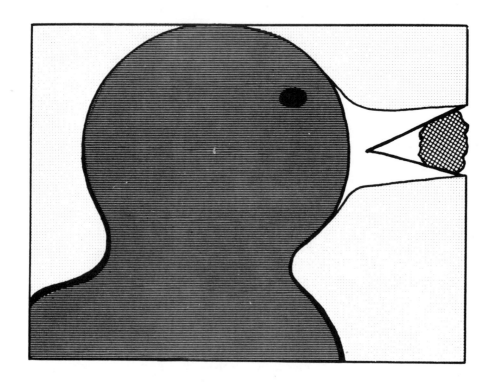

24. Le corbeau et le renard I

Selon la fable de La Fontaine, un corbeau° était **corbeau** crow
perché dans un arbe. Il tenait dans le bec un morceau
de fromage. L'odeur a alléché° un renard° qui vou- **alléché** attracted
lait le manger. Le renard s'est mis à faire des com- **renard** fox
pliments au corbeau. Il a dit au corbeau:
    —Puisque c'est la veille° de Noël, voulez-vous chan- **veille** eve
ter un noël pour moi?
    Le corbeau, dupé° par les éloges, a ouvert le bec **dupé** fooled
pour chanter et il a laissé tomber le fromage. Le
renard a avalé le fromage en disant:
    —Oh, Corbeau bébête! Fais attention aux flatteries!

L'année dernière s'est passé un cas pareil en Louisiane, mais cette fois le renard a intenté une action° contre le corbeau pour diffamation de caractère. Il a dit que le corbeau avait inventé la fable pour se venger sur lui.

intenté une action brought suit

L'avocat du renard essaie de prouver que le corbeau a menti en disant qu'il tenait un morceau de fromage au bec. Le juge a fait savoir au corbeau qu'il avait le droit° de se taire.° Il peut éviter tout ce qui peut l'inculper.°

droit right
se taire to keep quiet
inculper incriminate

L'avocat:	Maître Corbeau, où étiez-vous le vingt-quatre décembre, la veille de Noël?
Le corbeau:	J'étais chez moi. Je me préparais pour aller à la messe de minuit; je suis très pieux.
L'avocat:	Peut-être étiez-vous en train de fumer une pipe, ou de lire le journal ou de bricoler.° Il se peut aussi que vous vous soyez assis sur la branche d'un arbre, et pas dans votre maison? Répondez à la question avec ⟨⟨oui⟩⟩ ou ⟨⟨non⟩⟩.
Le corbeau:	Il est impossible de répondre à une question pareille avec ⟨⟨oui⟩⟩ ou ⟨⟨non⟩⟩. Je suis un oiseau, donc j'habite dans un arbre. Pour moi, l'arbre est ma maison.
L'avocat:	Maître Corbeau, quand Maître Renard vous a parlé, que teniez-vous dans le bec, sans compter la langue, bien sûr?
Le corbeau:	Un morceau de fromage.
L'avocat:	Il y a quelques instants, vous avez dit que vous êtes très pieux. Pourquoi avez-vous mangé du fromage avant d'aller à la messe de minuit? Vous savez bien que c'est un péché° de manger avant d'aller à communion.

bricoler to putter, to fix things

péché sin

Le corbeau:	Je n'ai pas dit que je l'ai mangé. J'ai seulement dit que je le tenais dans le bec.
L'avocat:	C'est la même chose!
Le corbeau:	Ce n'est pas la même chose! Regardez le juge et les jurés. Ils portent des chaussures mais ils ne vont nulle part.

I. Répondez aux questions en phrases complètes.

1. Où était le corbeau dans la fable?
2. Que tenait-il dans le bec?
3. Pourquoi le renard voulait-il ce fromage?
4. C'était quelle fête?
5. Comment est-ce que le renard a obtenu le fromage?
6. Quelle est la morale de cette fable?
7. Qui est le défendeur dans cette action?
8. Qui est le plaignant?
9. A quelles questions ne faut-il pas répondre?
10. Que faisait le corbeau ce soir-là?
11. Où était sa maison?
12. De quel péché l'avocat accuse-t-il le corbeau?
13. Est-ce que le corbeau a mangé le fromage?
14. A quoi compare-t-il la situation?

II. Complétez chaque phrase avec l'expression entre parenthèses qui convient.

1. C'était le (24/25/26) décembre.
2. Le renard a (oublié/senti/vu) le fromage du corbeau.
3. Il a obtenu le fromage par (amitié/gentillesse/tromperie).
4. L'avocat voulait montrer que le corbeau était (bébête/menteur/pieux).
5. Ce soir-là le corbeau était prêt à (aller à la messe/fumer/bricoler.)
6. Pour le corbeau (l'arbre et la maison/manger et tenir/le fromage et une pipe), c'est la même chose.

III. Répondez aux questions oralement ou par écrit.

1. Quelle odeur trouves-tu agréable, celle du fromage ou celle des fleurs?
2. Qu'est-ce que tu chantes à l'occasion de Noël?
3. As-tu le droit de te taire pour ne pas t'inculper?
4. Quels autres droits as-tu?
5. Qui trouves-tu le plus adroit, le corbeau ou l'avocat?

25. Le corbeau et le renard II

L'avocat:	Maître Corbeau, où avez-vous trouvé ce fromage?
Le corbeau:	Une jeune fille me l'a donné.
L'avocat:	Et combien l'avez-vous payé?
Le corbeau:	Je n'ai rien payé. Je lui ai donné un baiser pour le fromage.
L'avocat:	Pouvez-vous identifier la jeune fille que vous avez embrassée?
Le corbeau:	Non, je ne peux pas le faire.
L'avocat:	Pourquoi pas?
Le corbeau:	Parce que pour moi toutes les jeunes filles se ressemblent. Vous savez,

	pour elles tous les corbeaux se res-semblent aussi.
L'avocat:	Un expert éminent a déclaré que les corbeaux ne mangent pas de fromage.
Le corbeau:	L'exception confirme la règle. Moi, j'adore le fromage, toutes sortes de fromage.
L'avocat:	Voici une assiette avec plusieurs fromages. Sur chaque morceau il y a un numéro. Puisque vous êtes un connaisseur de fromage, pouvez-vous nommer chacun de ces fromages?
Le corbeau:	Je ne sais pas comment ils s'appellent. Je ne connais pas le nom du fromage, je le mange. Le grand écrivain anglais Shakespeare a dit: ⟨⟨Un fromage de n'importe quel nom sent bon⟩⟩.
L'avocat:	Monsieur, servez-vous de ces fromages et mangez-en. Dites-moi, s'il vous plaît, quel morceau voulez-vous prendre d'abord?
Le corbeau:	Je prends le cinquième.
L'avocat:	Vous voulez le cinquième morceau? Voilà le fromage numéro cinq.
Le corbeau:	Non, non, non! Je parle du droit que notre Constitution me donne, le droit de refuser de dire tout ce qui puisse m'inculper. Je parle du Cinquième Amendement à la Constitution.
L'avocat:	Mais . . .

C'est là que la transcription du procès se termine.

I. Répondez aux questions en phrases complètes.
1. Où le corbeau a-t-il trouvé ce fromage?
2. Comment a-t-il payé?
3. Pourquoi le corbeau ne peut-il pas reconnaître la jeune fille?
4. Est-ce que l'opinion de l'expert est vraie?

5. Le corbeau sait-il le nom des fromages?
6. De quoi le corbeau parlait-il quand il a dit ⟨⟨le cinquième⟩⟩?
7. Qu'est-ce que c'est que le Cinquième Amendement?
8. Comment se termine le procès?

II. Choisissez la réponse correcte.
1. Pourquoi le corbeau avait-il de la difficulté à identifier la jeune fille?
   a) Elle lui a donné le fromage la nuit.
   b) Tous les corbeaux se ressemblent.
   c) Toutes les filles se ressemblent.
   d) Le corbeau a embrassé plusieurs filles.
2. Comment les corbeaux trouvent-ils le fromage, selon l'expert?
   a) Ils ne l'aiment pas.
   b) Ils le mangent souvent.
   c) Ils aiment beaucoup le fromage.
   d) Les corbeaux sont connaisseurs de fromage.
3. De quelle caractéristique du fromage a parlé Shakespeare?
   a) La couleur.
   b) L'odeur.
   c) L'origine.
   d) Le prix.
4. Que veut dire le corbeau quand il annonce qu'il parle du cinquième?
   a) Il prendra le cinquième fromage.
   b) Il prendra cinq morceaux de fromage.
   c) Il a le droit de ne rien dire.
   d) Il voudra s'inculper.
5. Pourquoi est-il probable que le corbeau gagne le procès?
   a) Il disait la vérité.
   b) L'avocat mentait.
   c) La transcription du procès n'est pas complète.
   d) Le corbeau est plus adroit que l'avocat.

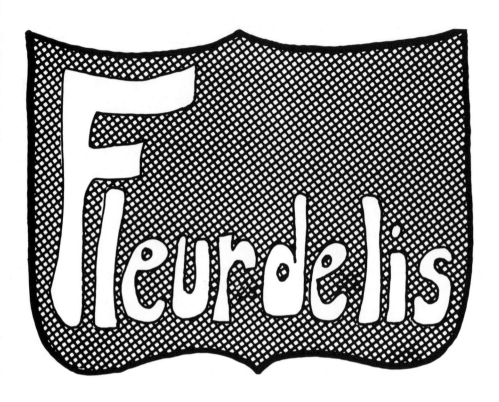

26. Jeanne d'Arc

La jeune bergère° habitait le village de Domrémy en Lorraine. Elle reçut la mission de délivrer la France des Anglais. La destinée de Jeanne d'Arc était une combinaison d'histoire et de légende. Elle n'avait que quinze ans quand elle décida d'obéir aux voix célestes qui lui parlaient de temps en temps. Les voix lui commandèrent d'accomplir trois tâches:° reprendre la ville d'Orléans pour les Français, faire couronner° le Dauphin° et chasser les Anglais de la France.

Comment la jeune paysanne allait-elle convaincre les grands nobles et les braves soldats de ses intentions

bergère shepherdess

tâches tasks
couronner to crown
Dauphin Crown Prince

sérieuses, ordonnées par Dieu. D'abord elle leur rappela la prophétie qu'une femme perdrait la France et qu'une jeune fille sauverait la patrie. La première prédiction se réalisa: la Reine Isabelle rendit le pays aux rois anglais. Maintenant, la possibilité exista que cette jeune fille de Lorraine accomplisse la deuxième prophétie.

Vêtue° d'une armure et à cheval, Jeanne d'Arc mena les soldats à la bataille d'Orléans. Elle ne se battit pas elle-même, mais elle encouragea ses soldats en portant l'étendard.° Après la victoire, elle voulut rencontrer le Dauphin pour atteindre son deuxième but.° En s'approchant de Charles, elle enleva son casque° pour le saluer. Charles l'embrassa affectueusement. C'était la seule marque de tendresse que le Dauphin lui montrerait, car il ne la remercia jamais de ses efforts.

Le Dauphin, un homme de caractère faible, hésita à accompagner Jeanne à Reims pour le couronnement. Elle l'avertit° que les voix célestes lui donnèrent moins de deux ans pour faire son travail. L'impatience de Jeanne enfin le persuada. Pendant la cérémonie à Reims elle se trouva debout à côté de lui.

Une fête suivit le couronnement et tout le monde s'impatienta de voir, de toucher et d'embrasser cette jeune fille merveilleuse. Elle avait l'air timide et calme, la bergère qui se fut montrée bien forte et courageuse. Les gens lui demandèrent:

—Est-ce que tu participes à la bataille? N'as-tu pas peur?

Jeanne répondit avec sérénité:

—Je ne crains° rien, sauf la trahison.°

Evidemment elle se douta des intrigues qui commencèrent au moment même du triomphe et de la gloire.

vêtue dressed

étendard banner, standard

but goal

casque helmet

avertit warned

crains fear
trahison treachery, treason

I. Répondez aux questions en phrases complètes.
1. En quelle province Jeanne est-elle née?
2. Est-ce que l'histoire est tout à fait vraie?
3. Quel âge avait-elle quand elle a quitté sa maison?
4. Qui lui parlait en secret?
5. Qui a perdu la France aux Anglais?
6. Qui allait la sauver?
7. Que faisait Jeanne d'arc dans les batailles?
8. Qui a gagné la victoire à Orléans?
9. Comment était le Dauphin?
10. Comment les gens ont-ils trouvé Jeanne d'Arc?
11. De quoi avait-elle peur?
12. Avait-elle raison de craindre la trahison?

II. Complétez les phrases avec des mots qui conviennent.
1. La vérité et la _____ se confondent dans l'histoire de Jeanne d'Arc.
2. Elle écoutait des _____ qui venaient de _____.
3. Orléans est une _____ en _____.
4. Le Dauphin s'appelait _____ et c'était un homme de caractère _____.
5. Jeanne devait finir sa tâche en _____ années.
6. Elle voulait aussi faire _____ le Dauphin.
7. Elle a mis une _____ pour se protéger.
8. Elle ne s'est pas battue mais elle a porté _____.
9. Bien qu'elle semble _____ elle était vraiment _____.
10. Elle ne craignait que la _____.

27. Au téléphone

Nous avons deux téléphones à la maison, l'un pour mon fils et l'autre pour le reste de la famille. La dépense pour le téléphone grandit comme mon fils lui-même grandit. Il a des amis partout, de la Côte d'Azur à la Normandie. S'il y avait des habitants sur la planète Mars, mon fils leur téléphonerait tous.

Le semaine dernière je l'ai entendu quand il parlait au téléphone:—Tu es dans la lune!° Je te rappellerai demain. En entendant le mot ⟨⟨lune⟩⟩ je suis devenue folle° et j'ai crié:—Tes coups de téléphone à Paris me coûtent déjà trop cher. Maintenant tu vas en

Tu es dans la lune! You're day-dreaming! (You're out of it!)
folle crazy

donner un à la lune. Tu veux causer avec les astronautes?

—Maman! a-t-il répondu. Que dis-tu là? Je ne vais pas téléphoner à la lune. J'ai dit «dans la lune»— mon ami était *dans* la lune.

Je me suis calmée un peu mais j'ai décidé quand même de demander à la centrale téléphonique de détacher l'appareil° dans sa chambre. Le lendemain à huit heures du matin j'ai téléphoné à la compagnie. Une voix d'homme m'a répondu:

—Bonjour, madame. Que désirez-vous?

—Je voudrais qu'on enlève l'appareil téléphonique de la chambre de mon fils.

—Je regrette beaucoup, madame. Vous avez le mauvais numéro.

—Etes-vous sûr? ai-je dit.

—Certainement! Je n'ai pas de téléphone.

—Pas possible!

—Pourquoi ne me croyez-vous pas, madame? a dit la voix. Est-ce que je vous ai déjà menti?

—Pardonnez-moi, monsieur. Je dois être dans la lune. Je crois que j'ai besoin d'un psychiatre. Mille fois pardon.

—Ce n'est rien. Je devais me lever tout de même pour répondre au téléphone. Avant de raccrocher° le récepteur, permettez-moi de vous offrir mon aide. Je suis psychiatre. Je peux vous donner rendez-vous à une heure.

—Je vous remercie beaucoup, docteur,—ai-je répondu.—D'accord. Je vous rapellerai demain . . . de la lune.

appareil phone

raccrocher hang up

I. Répondez aux questions en phrases complètes.
1. Pour qui sont les deux téléphones?
2. Où habitent les amis du fils?
3. Pourquoi la mère s'est-elle fâchée?
4. Qu'allait faire la mère?
5. Comment la mère s'est-elle trompée?

6. Pourquoi est-ce que l'homme est certain que la dame s'est trompée?
7. Qui était l'homme au téléphone?
8. A quelle heure pouvait-elle avoir un rendez-vous chez le docteur?
9. Qui est vraiment dans la lune, la mère ou le psychiatre?

II. Choisissez la réponse correcte.
1. Où habite cette famille?
   a) Sur la Côte d'Azur.
   b) En Normandie.
   c) Sur la planète Mars.
   d) On ne sait pas.
2. Où la mère pensait-elle que son fils allait téléphoner?
   a) A Mars.
   b) A la lune.
   c) A la centrale téléphonique.
   d) A un psychiatre.
3. Qu'est-ce qu'elle a décidé de faire?
   a) Elle allait donner un autre téléphone à son fils.
   b) Elle allait faire enlever le téléphone de son fils.
   c) Elle allait faire détacher tous les téléphones.
   d) Le fils allait payer sa dépense de téléphone lui-même.
4. Qu'est-ce qui s'est passé quand elle a téléphoné à la compagnie?
   a) Elle a reçu des réponses bizarres.
   b) Elle a oublié le numéro.
   c) Un monsieur a refusé d'enlever le téléphone parce qu'il n'en a pas un.
   d) L'homme a raccroché immédiatement.
5. Pourquoi a-t-elle dit qu'elle avait besoin d'un psychiatre?
   a) Elle devait se lever pour répondre au téléphone.
   b) Elle avait un rendez-vous à la lune.
   c) Elle était bien confuse.
   d) Elle n'avait pas le bon numéro.

III. Répondez aux questions oralement ou par écrit.
1. As-tu un téléphone à toi?
2. Quel est ton numéro de téléphone?
3. Combien de temps passes-tu au téléphone?
4. Quelles règles tes parents ont-ils établies pour tes coups de téléphone?
5. Quand es-tu dans la lune?

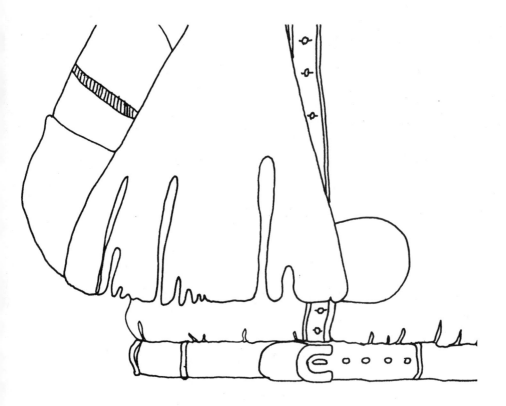

28. Un vrai soldat

Chère maman,

Voici ton fils Pierrot en uniforme militaire. Ça fait une semaine que je suis dans le centre d'entraînement.° Tout va très bien. J'ai reçu le paquet de petits gâteaux que tu m'as envoyé, et mes camarades m'ont dit qu'ils étaient très délicieux. La prochaine fois, envoie-moi deux boîtes de gâteaux parce que moi, je voudrais en goûter aussi.

Notre sergent est un type intéressant. C'est un géant. Il a l'air d'un paysan mais il est bien intelligent et il a un grand vocabulaire. Bien que j'aie fini mes études de l'école primaire, je ne comprends pas toujours

entraînement
training

ce qu'il me dit. Veux-tu m'envoyer mon dictionnaire pour que j'apprenne à parler comme mon sergent?

Cet homme a l'air sévère mais il est sympa. Chaque soir il entre dans la chambrée où nous dormons. Il demande même si nous voulons qu'il nous borde.° Il ne veut pas que nous ayons froid pendant la nuit. Parce qu'il est si bon, je ne pleure plus avant de m'endormir. **border** to tuck in

Quand nous avons fait la marche de vingt kilomètres hier, il a remarqué que je ne courais pas très vite. Il s'est approché de moi pour voir si j'avais besoin d'aide. Je l'ai remercié et je lui ai permis de m'aider un peu. Il m'a saisi le bras gauche avec une telle force qu'il me l'a cassé par accident.

Maman, tu avais raison de dire que je deviendrais un véritable homme dans le service militaire. Maintenant je sais faire le lit, nettoyer° la chambre, balayer le plancher, laver, raccomoder et repasser° les vêtements, coudre les boutons, peler° les pommes de terre, faire la vaisselle et j'apprends à faire la cuisine. **nettoyer** to clean **repasser** to iron **peler** to peel

Ton cher fils,
Pierrot

I. Répondez aux questions en phrases complètes.
1. Où est Pierrot? Depuis quand est-il là?
2. Qu'est-ce que sa mère lui a envoyé?
3. Qui a mangé tous les gâteaux?
4. Comment est le sergent?
5. Qu'est-ce que Pierrot demande à sa mère de lui envoyer?
6. Que fait le sergent chaque soir?
7. Que faisaient les soldats hier?
8. Quel accident a-t-il eu?
9. Qu'est-ce que Pierrot sait faire maintenant?

II. Choisissez la réponse correcte.
1. Qui a écrit cette lettre?
   a) Un jeune soldat.
   b) Un sergent.

c) Une mère.

d) Un écolier.

2. Pourquoi veut-il son dictionnaire?

   a) Pour terminer ses études.

   b) Pour mieux comprendre son officier supérieur.

   c) Pour compléter son vocabulaire.

   d) Parce que c'est un jeune homme très intelligent.

3. Pourquoi ne pleure-t-il plus la nuit?

   a) Parce que sa mère lui a envoyé des petits gâteaux.

   b) Parce qu'il a peur du sergent.

   c) Parce que le sergent fait attention qu'il n'ait pas froid.

   d) Parce que le sergent est sévère envers lui.

4. Comment s'est-il cassé le bras?

   a) Il est tombé par terre pendant la marche.

   b) Il courait trop vite.

   c) Il a eu un accident dans la cuisine.

   d) Il a admis au sergent qu'il avait besoin d'aide.

5. Qu'est-ce qu'il ne sait pas encore faire?

   a) Se servir d'un balai.

   b) Laver son uniforme.

   c) Se battre avec le sergent.

   d) Laver les assiettes.

Exercises

1. La pitié

I. **Vocabulary Exercises**

A. **Synonyms** are words which have similar meanings. Match these synonyms.

1. l'aliment   a) apprendre
2. avoir envie de   b) la nourriture
3. le cortège   c) la procession
4. enseigner   d) le chemin
5. la route   e) vouloir

B. **Antonyms** are words which have opposite meanings. Match these antonyms.

1. mort   a) civilisé
2. paresseux   b) neuf
3. sale   c) propre
4. sauvage   d) ambitieux
5. usé   e) vivant

C. **Word sets:** Find the word that does not belong with the others and tell why.

1. les chemises, les fleurs, les robes, les sandales
2. la chanson, la guitare, le piano, le violon
3. ancien, sauvage, usé, vieux
4. l'appartement, la case, la maison, le village
5. l'argent, le légume, le pain, la viande
6. dépenser, entendre, sentir, voir
7. la cimetière, le mort, la preuve, la tombe
8. le chemin, le pays, la route, la rue
9. l'arbre, la boisson, la fleur, la plante

D. Complete the sentences with the proper words:

ancêtres	apprendre	dépenser	êtres
jouaient	mort	sentir	usés

1. On va à l'école pour _____ à lire.
2. Les indigènes sont de bons _____ humains.
3. Les musiciens _____ dans la rue.
4. On porte le _____ au cimetière.
5. Mon grand-père et mon arrière-grand-père sont mes _____.
6. J'aime bien _____ les fleurs.
7. Ces vieux vêtements sont bien _____.
8. Ça coûte beaucoup! Il va _____ tout son argent.

II. Verb Exercises

Agreement of the past participle.

A. Identify the word in the sentence with which the underlined past participle agrees.

Model: La robe qu'elle a achetée est jolie. **robe**

1. Un voyageur est arrivé dans le village.
2. Il est venu par curiosité.
3. Elle est venue pour enseigner.
4. Mademoiselle, qu'est-ce qui vous a amenée ici?
5. Ils portent des sandales usées.

B. Complete each sentence with the proper form of the past participle.

1. (arrivé) La jeune fille est _____ à l'école.
2. (trouvé) Elle n'a pas _____ sauvages les indigènes.
3. (porté) Les vêtements qu'il a _____ étaient vieux.
4. (allé) La procession n'est pas _____ au cimetière.
5. (usé) Pourquoi porte-t-il cette chemise _____?
6. (bâti) Les cases qu'ils ont _____ sont dans le bois.
7. (répondu) Elle lui a _____ avec mépris.
8. (mangé) Quels aliments avez-vous _____?
9. (lavé) Elles se sont _____ les mains.
10. (mort) Mes ancêtres sont _____ il y a longtemps.

C. Change the sentences to the passé composé.

1. Elles partent de bonne heure pour l'école.
2. Quelle boisson prends-tu?
3. Les morts ne sentent pas las fleurs.
4. Qu'est-ce que vous apportez?
5. Elle se couche dans la petite case.

D. Use the past participle of the verb in parentheses as an adjective. Make the necessary agreement.

1. C'est une ville _____ par des étrangers. (habiter)
2. Ils croient que leurs ancêtres _____ ont besoin de nourriture. (mourir)
3. Le professeur leur a donné une leçon _____. (écrire)
4. L'argent _____ ne reviendra jamais. (dépenser)
5. Les classes _____, les écoliers sont vite sortis. (terminer)

III. Structures

A. Complete each sentence with the definite article or the partitive. Refer to the story if necessary to find which should be used.

1. Les indigènes portent (des/les) sandales usées.
2. Ils habitent dans (des/les) cases.
3. (Des/Les) morts ne sentiront pas (de/les) fleurs.
4. Ils lui apportent (des/les) boissons et (de l'/l') argent.

B. Form sentences using the words in the order given. You will have to supply other necessary words such as **le, la, de, à, que**, etc.

1. Aimer/vous/enseigner/lire/enfants?
2. indigènes/être/bon/être/humains.
3. Il/être/évident/nous/ne pas être/d'accord.
4. Ils/apporter/aliments/argent/cimetière/morts.
5. Quand/morts/pouvoir/sentir/fleurs/nous/mettre/ tombes?

3. L'ennemi de l'état II

I. **Vocabulary Exercises**

A. **Synonyms:** Match these words and phrases of similar meaning.

1. énorme	a) boire
2. lancer	b) de bonne heure
3. prendre quelque chose	c) immense
4. ravi	d) jeter
5. tôt	e) très content

B. **Antonyms:** Match these words and phrases of opposite meaning.

1. avaler	a) l'ami
2. l'enfant	b) aider
3. l'ennemi	c) l'adulte
4. faire du mal	d) cracher
5. s'intéresser à	e) s'ennuyer

C. **Word Sets:** Find the word that does not belong with the others and tell why.

1. la vendange, le verre, la vigne, le vin
2. le Coca-Cola, le café, le vin, la cuisine
3. blanc, jaune, rouge, même
4. le bras, la jambe, le nez, l'espion
5. l'abricot, la prune, la pomme de terre, le raisin
6. les barils, les boîtes, les caves, les corbeilles
7. l'habitant, le touriste, le visiteur, le voyageur
8. la bouteille, la glace, la tasse, le verre

D. Complete the sentences with the proper words.

boire	boisson	café	cave
ivre	raisins	tour	dangereuse

1. On fait le vin des _____ mûrs.
2. Je veux faire un _____ de la ville.

3. Il fait frais dans une _____.

4. La _____ nationale française est le vin.

5. L'homme _____ a trop bu.

6. Une foule qui se fâche est _____.

7. Il ne faut pas _____ le Coca-Cola en France!

8. Le garçon travaille dans le _____.

II. **Verb Exercises**

Contrast of imperfect and passé composé.

A. Indicate whether the verbs in the following sentences are in the passé composé (PC) or the imperfect (I).

1. Puisque je <u>m'intéressais</u> à cette boisson nationale, <u>j'ai décidé</u> de visiter Bordeaux.

2. <u>J'étais ravi</u> de trouver un tour des vignobles.

3. <u>Nous sommes partis</u> tôt le matin.

4. <u>Nous avons fait</u> le tour d'un vignoble.

B. Identify the reason for the use of the imperfect in the sentences: CD (continuous past action or description), MS (past mental state), or R (repeated action in the past).

1. Il y avait là un homme qui goûtait le vin.

2. Après la visite, j'étais vraiment content.

3. J'étais en danger d'être tué.

4. Ils travaillaient ensemble pendant les vendanges.

5. Le vin fermentait dans la cave.

6. J'étais tout à fait innocent!

C. Choose the proper tense: the imperfect or the passé composé.

1. (J'admirais/J'ai admiré) sa nouvelle voiture.

2. Quand (j'étais/j'ai été) jeune, (j'aidais/j'ai aidé) mon père avec les vendanges.

3. Tout à coup la foule m'(attaquait/a attaqué).

4. Nous (étions/avons été) étonnés de voir la bagarre!

5. (Je voyais/J'ai vu) l'homme qui (goûtait/a goûté) le vin.

III. Structures

A. Complete each sentence with the proper form of the partitive or the preposition **de**.

1. Il y avait _____ raisins mûrs dans _____ grandes corbeilles.
2. Apportez-moi _____ vin rouge!
3. Apportez-moi un verre _____ vin rouge!
4. Dans la cave il y avait _____ énormes barils.
5. La foule a lancé _____ pierres.
6. L'Américain a choisi une bouteille _____ Coca-Cola.
7. Beaucoup _____ touristes visitent Bordeaux.
8. Oh, là, là! J'ai bu trop _____ bière.

B. Form sentences using the words in the order given. Refer to the story if necessary.

1. (Imperfect): Je/s'intéresser/apprendre/histoire/vin.
2. (Passé composé): Nous/aller/café/prendre/quelque chose/manger.
3. (Passé composé): On/me/amener/cave/vin/fermenter.
4. Elle/être/danger/être/attaquer.
5. Apporter/moi/tasse/café!

94

5. Le chien qui ne savait pas nager

Vocabulary Exercises

A. Synonyms: Find words or phrases of similar meaning in the story and tell what the words mean.

1. un ami
2. avoir
3. content
4. encore
5. grave
6. la surprise

B. Antonyms: Find words or phrases of opposite meaning in the story and tell what the words mean.

1. le bruit
2. dernière
3. le lever du soleil
4. pauvre
5. la tristesse
6. vendre
7. vieux
8. la ville

C. Word Sets: Find the word that does not belong with the others and tell why.

1. le bord, le fleuve, le lac, l'océan
2. attendre, chasser, tirer, viser
3. l'ami, le camarade, le compagnon, le propriétaire
4. l'anniversaire, le cadeau, célèbre, la fête
5. l'air, l'eau, l'oiseau, le soleil
6. l'avion, la lune, la planète, le soleil
7. le chat, le chien, le cheval, l'oiseau
8. passer, dire, expliquer, prononcer

D. Complete the sentences with the proper words.

| coucher du soleil | chasser | fière | éloges |
| nager | oiseaux | prochaine | |

1. Si tu ne réussis pas la première fois, essaie de le faire la _____ fois.
2. Nous allons voir si vous méritez des _____.
3. Ma mère était bien _____ de mes notes.
4. Il a dit au revoir à ses amis au _____.

5. Les _____ volaient.

6. Voulez-vous _____ dans le lac?

7. Le monsieur aimait _____ au bord du lac.

II. Verb Exercises

Conditional tense of regular verbs.

A. Complete the sentences.

1. J'achèterais ce chien-là.

   Vous _____.

   Tu _____ fusil _____.

   Nous _____.

   Il _____ maison _____.

   Mes parents _____.

2. Nous ne sortirions pas plus tard.

   Vous _____.

   Je _____ avec eux.

   Marie _____.

   Tu _____ au lever du soleil.

   Le chasseur _____.

3. Qui le croirait?

   Tu _____?

   Vous _____?

   Nous _____?

   Les amis _____?

   Je _____?

B. Change the verbs to the conditional.

1. Le propriétaire aimera la chasse.

2. Nous prendrons quelque chose à boire.

3. Le chien marchait sur l'eau.

4. Je ne nageais pas dans la rivière.

5. Ne supportes-tu pas le silence?

6. Vous attendront-ils longtemps?

C. Complete each sentence with the conditional form of the verb.

1. Ce chien merveilleux _____ un oiseau dans l'eau. (rapporter)
2. Qu'est-ce qui _____? (se passer)
3. Mes camarades ne _____ rien. (dire)
4. Je _____ quelque chose en attendant. (boire)
5. _____-vous ce chasseur-là? (inviter)
6. Nous _____ dans l'eau si nous ne faisions pas attention. (tomber)
7. Les oiseaux _____ autour de nous. (voler)
8. Combien de temps _____-il? (attendre)

III. Structures

A. Complete each sentence with the proper pronoun: **qui, que, ce qui**, or **ce que**.

1. C'est le chien _____ M. Monet a reçu pour son anniversaire.
2. Il a vu un oiseau _____ volait dans sa direction.
3. Voyons _____ se passe la prochaine fois.
4. Savez-vous _____ est tombé? Est-ce le verre?
5. Il ne pouvait pas croire _____ le chien a fait.
6. Donnez-moi le pain _____ est sur la table.

B. Form sentences using the words in the order given. Refer to the story if necessary.

1. propriétaire/aimer/chasser/avec/nouveau/chien/ chasse.
2. Il/venir/recevoir/fusil/cadeau/anniversaire.
3. Nous/être/fier/avoir/fille/pareil.
4. Je/continuer/nager/matinée/eau/froid/lac.
5. Lui/ne jamais/acheter/chien/ne pas/savoir/chasser.

6. Le Parisien et le paysan

I. **Vocabulary Exercises**

A. **Synonyms:** Find words or phrases of similar meaning in the story and tell what the words mean.

1. une auto
2. bête
3. certainement
4. le chemin
5. se fâcher
6. le fleuve
7. tout de suite
8. la tranquillité

B. **Antonyms:** Find words or phrases of opposite meaning in the story and tell what the words mean.

1. bon
2. la question
3. debout
4. impoli
5. long
6. meilleur
7. mort
8. possible

C. **Word Sets:** Find the word that does not belong with the others and tell why.

1. bête, idiot, perdu, stupide
2. le carrefour, le pays, la rue, le trottoir
3. l'autobus, la bicyclette, le camion, la voiture
4. court, large, long, pire
5. le chemin, la route, la rue, l'endroit

D. Complete the sentences with the proper words.

| courte | mauvaise | se moquer | pont |
| province | rendez-vous | se renseigner | voiture |

1. Le paysan habite en _____.
2. L'automobiliste a pris la _____ route et maintenant il a perdu son chemin.
3. Le _____ traverse la rivière.
4. Ce jour-là je conduisais ma nouvelle _____.
5. La meilleure route est aussi la plus _____.

6. Il n'est pas poli de _____ des gens.

7. A quelle heure avez-vous un _____?

8. Il faut _____ sur la bonne route.

II. Verb Exercises

Irregular conditionals.

A. Give the infinitives for the verbs in the conditional.

1. Sauriez-vous	6. Il pourrait
2. Il faudrait	7. Elle ne viendrait pas
3. Tu serais	8. J'aurais
4. Elles verraient	9. Nous voudrions
5. Il ne ferait pas	10. Je courrais

B. Change the sentences to the conditional.

1. Sais-tu la route au Mont St-Michel?

2. Je veux acheter une motocyclette.

3. Pouvez-vous m'aider avec ce devoir?

4. Il fait très chaud là-bas en été.

5. Les élèves voient les réponses au tableau.

6. Nous ne venons pas en retard.

7. Cela est impossible!

8. Donc Il a cinquante ans.

III. Structures

Indefinite pronouns.

A. Complete each sentence with the proper pronoun: **ceci, cela (ça)** or **ce (c')**.

1. _____ est la seule personne que j'ai vue.

2. Pourquoi _____?

3. _____ est un paysan bête.

4. Je suis tout _____, rusé et trompeur.

5. Prenez _____, s'il vous plaît.

6. Qui vous a donné _____?

B. Form sentences using the words in the order given. Refer to the story if necessary.

1. chauffeur/s'arrêter/carrefour/se renseigner/ parce que/il/perdre/chemin.
2. Nous/venir/Paris/et/ne pas/connaître/région.
3. Savoir/tu/où/être/pont?
4. route/être/court/autre/être/plus long.
5. Je/se mettre/colère/quand/paysan/se moquer/moi.

8. Qui va-t-on croire?

Vocabulary Exercises

A. **Synonyms:** Find words or phrases of similar meaning in the story and tell what the words mean.

1. incertitude
2. le cadeau
3. rompu
4. le premier janvier
5. peu importe!
6. fréquemment

B. **Antonyms:** Find words or phrases of opposite meaning in the story and tell what the words mean.

1. demain
2. se dépêcher
3. dire la vérité
4. emprunter
5. tout
6. facile
7. le fils
8. vendre

C. **Word sets:** Find the word that does not belong with the others and tell why.

1. le couteau, la cuiller, la fourchette, la hache
2. l'acier, la canne, le cuivre, le fer
3. le cheval, les cheveux, hennir, monter
4. la canne à pêche, le fils, la ligne, le poisson
5. l'assiette, le clou, la hache, le seau
6. après-midi, aujourd'hui, demain, hier

D. Complete the sentences with the proper words.

| canne | couteau | cuiller | emprunte |
| étrennes | hache | souvent | voisins |

1. Je veux aller à la pêche mais je n'ai pas de _____.
2. Il faut rendre tout de suite ce qu'on _____.
3. Nous avons besoin d'un _____ pour couper la viande.
4. On reçoit des _____ le Jour de l'An.
5. On coupe l'arbre avec une _____.

6. Nos _____ sont des gens bien sympathiques.

7. On mange la soupe avec une _____.

8. Allez-vous _____ en ville?

II. Verb Exercises

Plus-que-parfait.

A. Tell which action occurred first, A or B.

1. Ils <u>tardaient à rendre</u> ce qu'ils <u>avaient pris</u>.
            A   B

2. Tu <u>as cassé</u> la bonne hache que je <u>t'avais prêtée</u>.
       A   B

3. J'ai <u>téléphone</u> à mon fils mais il <u>était déjà parti</u>.
         A   B

4. Elle <u>avait entendu</u> hennir le cheval, mais elle
           A

   <u>ne l'a pas cru</u>.
      B

5. J'<u>avais rendu</u> le livre qu'il m' <u>a demandé</u>.
      A   B

B. Complete each sentence with the **plus-que-parfait** form of the verb.

1. Elle _____ chez sa voisine pour causer. (aller)

2. Cet homme _____ mon cheval, ma guitare et ma canne à pêche. (emprunter)

3. Quelle hache _____ -il _____? (casser)

4. Qui lui _____ ma marmite? (prêter)

5. Nous _____ à jouer de la guitare. (s'amuser)

6. Avez-vous aimé les robes que j'_____. (faire)

7. Ils _____ tôt pour le rendez-vous. (sortir)

8. Tu _____ plusieurs fois. (mentir)

III. Structures

Form sentences using the words in the order given. Refer to the story if necessary.

1. (Imperfect): dame/vouloir/emprunter/beaucoup/ chose/voisine.

2. (Passé composé): Hier/je/lui/prêter/livre/sucre/douzaine/oeuf.
3. (Conditional): Tu/ne pas/pouvoir/travailler/s'amuser/à la fois.
4. (Imperfect): Elles/tarder/rendre/ce que/elles/emprunter.
5. (Future): Il/ne rien/faire/sans/pelle.
6. (Conditional): me/prêter/vous/meilleur/hache/acier?

10. Un chien perdu

I. Vocabulary Exercises

A. Synonyms or Antonyms: Indicate whether the following pairs of words are synonyms (S) or antonyms (A) and tell what the words mean.

1. content/triste
2. ennuyé/agacé
3. difficile/facile
4. habiter/demeurer
5. moments/instants

6. se promener/flâner
7. sérieux/bébête
8. sembler/avoir l'air
9. trouver/perdre
10. voyageur/touriste

B. Word groups: Find words in the story that are related to the words and tell what both words mean.

1. un crime
2. expliquer
3. un flâneur

4. renseigner
5. la souffrance
6. le soupçon

C. Word Sets: Find the word that does not belong with the others and tell why.

1. courir, flâner, marcher, se promener
2. la bouche, les bras, le nez, les yeux
3. fâché, méchant, merveilleux, soupçonneux
4. merci, je vous avertis, avec plaisir, s'il vous plaît
5. le brigadier, le criminel, l'interrogation, le passport
6. le journal, le livre, le programme de télévision, la revue
7. dix, quelque, trente-cinq, vingt

D. Complete the sentences with the proper words.

cherchait	citoyenne	criminel	deux ans
flânais	leçons	soupçonneux	yeux

1. De quel pays êtes-vous _____, mademoiselle?
2. Le petit chien perdu _____ son maître.
3. Le brigadier a interrogé le _____ dans son bureau.
4. Ça fait _____ que je travaille ici.

5. Je n'avais rien à faire, donc je _____ sur la plage.
6. Cet homme avait l'air _____.
7. La pauvre petite fille m'a regardé avec
   ses tristes _____.
8. Il a appris le français en 10 _____.

II. Verb Exercises

Use of the present and imperfect with **depuis** and other expressions of time.

A. Choose the proper form of the verb.

1. Ça fait dix ans que j' _____ l'anglais.
   (étudie/ai étudié)
2. Depuis quand _____? (lisez-vous/avez-vous lu)
3. Je (J'ai) _____ depuis deux heures. (lis/lu)
4. Voilà cinquante minutes que nous _____
   (marchions/avions marché)
5. Elle _____ ici depuis une semaine (était/avait été)

B. Complete each sentence with the proper form of the verb.

1. Depuis quand _____-tu a Nice? (être)
2. Il _____ à l'hôtel depuis deux semaines. (demeurer)
3. Il y a trois heures il _____. (sortir)
4. Il y a trois ans que ce professeur _____.
5. Ça fait longtemps que je _____ à ses questions.
   (répondre)
6. Il _____ son maître mais il ne l'a pas trouvé.
   (chercher)

C. Answer the questions in complete sentences.

1. Depuis quand parles-tu anglais?
2. Depuis quand ton professeur enseigne-t-il/elle?
3. Depuis combien de temps demeures-tu dans ta maison?
4. Depuis combien de temps es-tu dans cette classe?
5. Quand es-tu arrivé à l'école ce matin?

III. Structures

Forming questions.

A. Form questions that would elicit these answers.
1. Je m'appelle Michel LeGrand.
2. Je n'ai que vingt ans.
3. Je demeure 18, Rue du chien perdu.
4. Je suis italien.
5. Je veux rendre l'argent que j'ai trouvé dans la rue.

B. Form questions using the words in the order given. Refer to the story if necessary.
1. Où/voir/tu/chien/qui/s'approcher/chaque/passant?
2. Comment/savoir/il/que/homme/être/criminel?
3. Quel/air/avoir/agent/qui/vous/poser/questions?
4. (Conditional): Vouloir/vous/nous/donner/
   renseignements/touriste?
5. Qui/vous/enseigner/parler/comme/Français?

11. Le meilleur artiste

Vocabulary Exercises

A. **Synonyms:** Substitute synonyms from the story for the under-lined words.

1. Voudriez-vous <u>avoir</u> une oeuvre de Dalí?
2. Le mouvement a duré <u>cent</u> ans.
3. Il y avait <u>un grand feu</u> dans la ville.
4. Je voudrais poser la question d'une autre <u>manière</u>.
5. Donnez-moi votre <u>opinion</u>.
6. Ce <u>peintre</u> n'est pas timide!
7. Quel <u>tableau</u> préfères-tu?

B. **Word Sets:** Find the word which does not belong with the others and tell why.

1. l'artiste, le directeur, la peinture, le tableau
2. la bibliothèque, le musée, l'oeuvre, le théâtre
3. admirer, aimer, plaire, regarder
4. l'ami, le collègue, le camarade, l'employé
5. l'auteur, le danseur, le peintre, le professeur
6. le feu, l'incendie, le pompier, le directeur
7. allé, entrée, porte, sortie

C. Match the following names with the correct descriptions.

1. Dalí	a) un auteur
2. La Joconde (Mona Lisa)	b) une peinture
3. Le Louvre	c) une ville
4. Saint-Exupéry	d) un musée
5. Paris	e) un peintre
6. Terre des Hommes	f) un livre

II. **Verb Exercises**

Si Clauses.

A. Identify the tenses of the underlined verbs.

1. Si vous <u>pouviez</u> posséder un chef-d'oeuvre, lequel choisiriez-vous?
2. S'il y <u>a</u> un incendie dans ce musée, quelle oeuvre sauverez-vous?
3. Si le directeur <u>avait répondu</u> à la question, qui <u>aurait contesté</u>?

B. Note the sequence of tenses in the **si** clause and the result clause. Complete each sentence with the proper form of the verb.

1. Si tu _____ le tour du musée, je t'accompagnerai. (faire)
2. Le professeur _____ si vous n'étudiez pas. (se fâcher)
3. Ils auraient entouré l'artiste s'ils _____ son oeuvre. (aimer)
4. Que feriez-vous si vous _____ un incendie? (voir)
5. J' _____ étonnée s'il avait souri à la réponse. (être)
6. Si elle venait, que lui _____ -tu? (dire)

C. Complete the sentences with a result clause of your choice.

1. Si j'étais président, je _____.
2. Si l'on me donne beaucoup d'argent, je _____.
3. Si tu m'avais menti, je _____.
4. Si je pouvais voyager n'importe où, je _____.
5. Si j'avais eu soif, je _____.
6. Si j'avais trois voeux, _____.

III. Structures

Interrogative pronouns.

A. Identify the word in the sentence to which the underlined pronoun refers.

1. J'aime toutes ces peintures, je ne sais pas <u>laquelle</u> est la meilleure.
2. Si vous pouviez posséder un chef-d'oeuvre, <u>lequel</u> choisiriez-vous?

3. Enfin Dalí a trouvé la question à <u>laquelle</u> le directeur devrait répondre.
4. <u>Lesquels</u> de ces tableaux sont du mouvement «dada»?
5. Voilà trois artistes. <u>Duquel</u> parle-t-elle?

B. Choose the proper word to complete the sentence.
1. (Quelle/Laquelle) peinture a-t-il choisie?
2. (Quel/Lequel) temps faisait-il?
3. (Quel/Lequel) de ces directeurs est le plus diplomatique?
4. (Quels/Auxquels) des amateurs répondons-nous?
5. (Quelles/Lesquelles) écoles préfèrent tes parents?
6. (Quelle/Laquelle) voulez-vous sauver?
7. (Quel, Duquel) de ces livres parles-tu?
8. (Quelles, Lesquelles) sont les plus belles?

14. L'homme le plus malchanceux du monde

I. Vocabulary Exercises

A. Synonyms: Find words or phrases of similar meaning in the story and tell what the words mean.

1. une auto
2. un complet
3. rapidement
4. écrire
5. excéder
6. fonder
7. le hasard
8. décent

B. Antonyms: Find words or phrases of opposite meaning in the story and tell what the words mean.

1. adroit
2. avancer
3. de bonne heure
4. calme
5. faux
6. terminer
7. malhonnête
8. se rappeler

C. Word Sets: Find the word that does not belong with the others and tell why.

1. croire, cultiver, planter, pousser
2. le gazon, les graines, l'herbe, l'incendie
3. la bicyclette, le cheval, la motocyclette, la voiture
4. le bureau, le commerçant, l'homme d'affaires, le négociant
5. le dîner, la femme, le garçon, le restaurant
6. l'été, l'hiver, le printemps, la contravention
7. le feu rouge, le pneu crevé, le sens unique, la vitesse maximum
8. le feu, la pluie, la neige, le vent

D. Complete the sentences with the proper words.

chance   contravention   gazon   incendie
peine   pneu crevé   sauce   sens unique

1. Il est impossible de conduire avec un _____.
2. Je n'aime pas les légumes sans _____.

3. Si tu avais planté des graines, tu aurais eu un beau
   _____.
4. Si vous conduisez trop vite, vous recevrez une _____.
5. On m'a dit de ne pas entrer dans cette rue _____.
6. J'ai perdu ma montre. Je n'ai jamais de _____.
7. Ça ne vaut pas la _____ de payer les assurances.
8. Ne m'arrêtez pas! Il est vrai que je cours à un _____.

II. Verb Exercises

Review of indicative tenses.

A. Indicate whether the verbs in the following sentences are in the present (P), passé composé (PC), imperfect (I), future (F), plus-que-parfait (PQ), or command (C).

1. Monsieur Dupont avait établi sa maison de commerce à Bruxelles.
2. Il habitait dans une maison de banlieue.
3. Il est évident que c'était vraiment l'homme le plus malchanceux du monde.
4. Le garçon maladroit a laissé tomber de la sauce sur son veston.
5. Dites-moi, c'est peut-être que vous courez à un incendie. Vous avez un pneu crevé?
6. J'ajouterai de l'air.

B. Give the missing verb tenses indicated.

Infinitive	(Person)	Present	Passé Composé	Conditional
1. _____	il	_____	a reçu	_____
2. _____	tu	_____	_____	prendrais
3. se dépêcher	vous	_____	_____	_____
4. _____	nous	arrêtons	_____	_____
5. _____	je, j'	_____	ai rendu	_____

Infinitive		Imperfect	Plus-que-Parfait	Future
6. _____	elles	étaient	_____	_____
7. _____	je, j'	_____	avais oublié	_____

8.	conduire	nous	_____	_____	_____
9.	_____	tu	_____	avais établi	_____
10.	_____	il	_____	_____	viendra

III. Structures

Form sentences using the words in the order given. Refer to the story if necessary.

1. (Imperfect): Nous/habiter/maison/banlieue/près/ magasin/père.
2. (Imperfect): pauvre/homme/mener/bon/vie/mais/ ne jamais/avoir/chance.
3. Ce/être/personne/malchanceux/pays.
4. Elle/ne pas/comprendre/pourquoi/garçon/laisser/ tomber/beurre/nouveau/robe.
5. Hier/nous/venir/laver/voiture/quand/ il/commencer/pleuvoir.
6. Marie/arriver/retard/rendez-vous/parce que/ voiture/ne pas/marcher.
7. Hier soir/agent/me/rédiger/contravention/ parce que/je/ne pas/arrêter/feu rouge.
8. Ça/ne pas/valoir/peine/se dépêcher.

15. Mon oncle Fainé

I. Vocabulary Exercises

A. Synonyms: Find words or phrases of similar meaning in the story and tell what the words mean.

1. aimer beaucoup
2. célèbre
3. le travail
4. une épouse
5. paresseux
6. une période de 7 jours

B. Antonyms: Find words or phrases of opposite meaning in the story and tell what the words mean.

1. la réponse
2. fermer
3. avec
4. Bonjour!
5. entrer
6. permis

C. Word Sets: Find the word that does not belong with the others and tell why.

1. fainéant, paresseux, travailleur
2. le conte, l'histoire, la légende, le narrateur
3. le cousin, la mère, l'oncle, l'ami
4. âgé, jaune, jeune, vieux
5. la carte, le coup de téléphone, la lettre, le télégramme
6. dire, penser, prononcer, répéter
7. à demain, adieu, allô, au revoir
8. agréable, sage, méchant, sympathique

D. Complete the sentences with the proper words.

anniversaire   baisers   emploi   jouir   unique
raconter   télégramme   vêtements   vieux

1. Il y a deux enfants dans notre famille; Pauline est ma soeur _____.
2. Mon oncle va nous _____ une histoire.
3. Je peux travailler quand je serai _____; maintenant je vais _____ de la vie.
4. Il aura vingt-cinq ans le jour de son _____.

5. Il n'a pas d' _____ et il n'en cherche pas.

6. Ma mère avait peur de lire le _____.

7. On achète des _____ dans un magasin de confection.

8. Elle était ravie de le voir et elle lui a donné des _____.

II. Verb Exercises

Present subjunctive of regular verbs and of **avoir** and **être**.

A. Complete the sentences.

1. Vous voulez que je travaille tous les samedis.

   _____ nous _____.

   _____ ils_____ semaines.

   _____ ma mère _____.

2. Il faut que vous finissiez le devoir.

   _____ tu _____.

   _____ je _____ la lettre.

   _____ ils _____.

3. Il est content que nous vendions la voiture.

   _____ je _____.

   _____ elle _____ la maison de campagne.

   _____ vous _____.

4. Mon père veut que nous soyons sages.

   _____ ils _____.

   _____ je _____ diligent.

   _____ tu _____.

5. C'est dommage que vous ayez faim.

   _____ tu _____.

   _____ il _____ peur.

   _____ elles _____.

B. Complete the numbered sentences with the appropriate phrase.

1. Il faut que je   a) nous rendent visite.
2. Il ne croit pas que tu   b) réussisse à l'examen.
3. Je veux que mes cousins   c) soit plus riche.
4. Je suis contente que vous   d) aies soif.
5. Je voudrais qu'il   e) travailliez.

C. The following verbs are regular in the subjunctive. Give the third person plural of the indicative and the requested form of the subjunctive.

	Indicative	Subjunctive
1. conduire:	ils _____	que je _____
2. connaître:	ils _____	que vous _____
3. dire:	ils _____	que tu _____
4. écrire:	ils _____	qu'ils _____
5. lire:	ils _____	qu'elle _____
6. mettre:	ils _____	que nous _____
7. partir:	ils _____	que tu _____
8. sentir:	ils _____	que vous _____
9. sortir:	ils _____	que je _____
10. sourire:	ils _____	qu'ils _____

D. Complete each sentence with the subjunctive form of the verb.

1. Il est important que vous _____ la porte. (fermer)
2. Pourquoi faut-il que je _____ des vêtements? (vendre)
3. Il est possible que le commerçant _____ une autre maison. (établir)
4. J'aime mieux que tu _____ maintenant. (partir)
5. Voulez-vous que nous _____ en retard? (être)
6. Aidez-moi pour que je _____ toute l'histoire. (dire)
7. Tu ne crois pas qu'ils _____ raison? (avoir)
8. Faut-il que nous _____ tout le livre? (lire)

III. Structures

Form sentences using the words in the order given. Refer to the story if necessary.

1. Mon/oncle/penser/que/il/pouvoir/travailler/quand/ il/être/plus/âgé.
2. marchand/avoir besoin/quelqu'un/travailler/dimanche.
3. Elle/se marier/âge/vingt/an.
4. Je/ne que/dix/an/quand/je/aller/chez/tante/ premier/fois.

5. Il/ouvrir/porte/entrer/maison/et/prononcer/mots/ interdit.
6. fainéant/être/personne/qui/ne rien/faire.

18. La mode

Vocabulary Exercises

A. **Synonyms and Antonyms:** Replace the underlined words with a synonym from the story.

    1. Je ne vais pas bien aujourd'hui.

    2. C'est une robe très élégante.

    3. Ce style-là me plaît beaucoup.

Replace the underlined words with an antonym from the story.

    4. Il me faut allonger ce pantalon.

    5. Il s'est couché tard après son rendez-vous.

    6. Vas-tu porter une robe longue à la soirée?

B. **Word Sets:** Find the word that does not belong with the others and tell why.

    1. chic, élégant, à la mode, passé

    2. la chaise, la chambre, le fauteuil, le lit

    3. déjeuner, dîner, goûter, lever

    4. la chambre à coucher, le café, la salle à manger, le salon

    5. dimanche, mars, samedi, jeudi

    6. coudre, raccommoder, raccourcir, cuire

    7. aujourd'hui, autrefois, passé, il y a longtemps

C. Give the next word in the series.

    1. lundi, mardi, mercredi, _____

    2. moi, ma mère, ma grand-mère, _____

    3. le passé, le présent, _____

    4. première, deuxième, troisième, _____

    5. hier, aujourd'hui, _____

    6. le petit déjeuner, le déjeuner, _____

    7. l'école primaire, le lyceé, _____

II. **Verb Exercises**

Irregular verbs in the subjunctive.
Use of subjunctive after impersonal expressions.

A. Complete the sentences.

    1. Il faut que je fasse des courses.

        _____ vous _____.

        _____ ils _____.

    2. Il est possible que tu ailles cet été.

        _____ nous _____.

        _____ je _____.

    3. C'est dommage que vous ne sachiez pas la réponse.

        _____ tu _____.

        _____ elle _____.

    4. Il est impossible qu'il puisse le faire.

        _____ elles _____.

        _____ vous _____.

B. Choose the proper verb: the indicative or the subjunctive.

    1. Il faut que tu (viens/viennes) me voir.

    2. Il vaut mieux que vous (restez/restiez).

    3. Il se peut que nous (sortons/sortions).

    4. Il est évident qu'elle (est/soit) d'accord.

    5. Il est vrai que je (sais/sache) coudre.

    6. Il est possible que ma grand-mère le (fait/fasse).

C. Complete each sentence with the proper form of the verb.

    1. Est-il nécessaire que tu _____ cette robe?
(raccourcir)

    2. Il est vrai qu'elle n' _____ pas de robes chics. (avoir)

    3. Il n'est pas possible que je (j') _____ avec vous. (aller)

    4. Il est probable que vous _____ les réponses. (savoir)

    5. Il faut que nous _____ sur le trottoir. (marcher)

    6. Il est certain que ma fille ne le _____ pas. (permettre)

    7. C'est dommage que tu ne _____ jamais la vérité.
(dire)

    8. Ne vaut-il pas mieux qu'ils _____ attention? (faire)

III. Structures

Demonstrative pronouns.

A. Identify the noun in the sentence to which the demonstrative pronoun refers.

1. Tous les styles me plaisent, **ceux** d'aujourd'hui et **ceux** du passé.
2. Il ne restait que ta tante Joséphine, mais **celle-ci** avait un rendez-vous.
3. Ce pantalon coûte plus cher que **celui** que j'ai acheté la semaine passé.
4. Quelles revues voulez-vous que je lise? **Celles** qui sont sur la chaise?
5. De tous les repas le petit déjeuner est **celui** que je préfère.

B. Complete each sentence with the proper demonstrative pronoun.

1. Cette chaise est _____ que mon père aime mieux.
2. Quel chemin mène à Imphy, _____-ci ou _____-là?
3. Voilà ma jupe et _____ de ma soeur.
4. De tous ces peintres _____ que je préfère sont Renoir et Dégas.
5. Ces modes-ci sont plus élégantes que _____-là.
6. Qui veut écouter mes disques et _____ de mon amie?

19. Un chirurgien éminent

I. **Vocabulary Exercises**

A. **Synonyms:** Find words or phrases of similar meaning in the story and tell what the words mean.

1. apercevoir
2. quelquefois
3. le docteur
4. éminent
5. la figure
6. immédiatement
7. la procession

B. **Antonyms:** Find words or phrases of opposite meaning in the story and tell what the words mean.

1. après
2. facile
3. près de
4. faire des éloges
5. fort
6. une ombre

C. **Word Sets:** Find the word that does not belong with the others and tell why.

1. le chirurgien, le dentiste, le médecin, le toréador
2. la corrida, le guichet, le matador, le taureau
3. l'arène, la gare, le gymnase, le stade
4. l'arme, le bras, le doigt, la main
5. célèbre, éminent, fameux, immense
6. la blessure, le mal au doigt, la messe de minuit, le sang

D. Complete the sentences with the proper words.

banc	évanoui	fenêtre	guichet
queue	sang	spectacle	vitrine

1. On achète des billets au _____; on regarde les vête-ments dans la _____ du magasin; on ouvre la _____ de la maison quand il fait chaud.
2. A l'arrêt de l'autobus, il faut faire la _____.
3. J'ai mal au dos après trois heures assis sur ce _____!

4. Un chirurgien qui ne supporte pas la vue de _____?
Impossible!
5. Je me suis bien amusée au _____.
6. Après le premier taureau, il s'est _____.

II. Verb Exercises

Use of subjunctive after verbs of emotion, volition, and doubt.

A. Complete the sentences.

1. Je ne peux pas croire qu'il soit chirurgien.
Pensez-vous que je _____?
Es-tu sûr que _____?
Il doute que _____.
2. Voulez-vous que je prenne une place ici?
Il ordonne que nous _____.
Ils ne veulent pas que tu _____.
J'aimerais mieux que vous _____.
3. Je regrette qu'il parte si tôt.
Nous avons peur que vous _____.
Il est désolé que tu _____.
Etes-vous heureux que je _____?

B. Replace the underlined expression with the one in parentheses.

1. Je pense qu'il fait de son mieux. (Je ne crois pas)
2. Nous savons que vous êtes malade. (Nous doutons)
3. Il est certain que le docteur choisit la meilleure place. (Il n'est pas certain)
4. Elle croit que nous pouvons le faire. (Elle ne croit pas)
5. Je suis sûr que la corrida te plaît. (Je suis heureux)
6. Il est vrai qu'elle réussit. (Tu veux)
7. Vous savez que je viendrai. (Vous serez content)
8. Vous espérez que je vois ce spectacle. (Vous voulez)

III. Structures

Form sentences using the words in the order given. Refer to the story if necessary.

1. Je/vouloir/que/vous/me/accompagner/arène.
2. Si/matadors/être/maladroit/spectateur/le/appeler/ boucher.
3. Elle/se blesser/main/quand/elle/être/prêt/partir.
4. Il/impossible/croire/homme/chirurgien.
5. Nous/regretter/dame/s'évanouir/et/avoir peur/elle/ ne pas/revenir à lui.
6. Je/douter/ils/se mettre/colère/vue/spectacle.
7. Il/faire/chaud/queue/guichet.

22. Une femme de mauvaise humeur

Vocabulary Exercises

A. **Synonyms:** Find words or phrases of similar meaning in the story and tell what the words mean.

1. agiter
2. jeter
3. surpris
4. épouser
5. le défilé
6. duper

B. **Word Sets:** Find the word that does not belong with the others and tell why.

1. l'ami, l'époux, la femme, le mari
2. agacer, fâcher, irriter, saisir
3. le conte, l'italien, le poème, le roman
4. Chéri! Idiot! Misérable! Trompeur!
5. divorcer, s'engager, se fiancer, se marier

C. Complete the sentences with the proper words.

beau temps   conférence   sourire   mauvaise humeur
mouillés   seau   tonnerre   tromper

1. Le professeur va faire une _____ sur les poèmes de Prévert.
2. Selon le proverbe, après le _____ vient la pluie et après la pluie vient le _____.
3. Le mari mécontent dit une chose et fait une autre pour _____ sa femme.
4. Nous sommes rentrés dans la pluie et maintenant nous sommes _____.
5. Il avait un grand _____ et je le croyais tout à fait content.
6. Il a rempli le _____ d'eau pour laver la voiture.
7. Elle gronde, elle se plaint de tout, elle se fâche; c'était vraiment une femme de _____.

II. Verb Exercises

Use of the subjunctive after adverbial clauses.

A. Tell which sentences contain verbs in the subjunctive.

    1. Bien qu'il soit un homme agréable, elle est toujours désagréable envers lui.

    2. Il ne se plaint jamais de sa femme quoiqu'elle essaie toujours de l'agacer.

    3. Tu sais que je me fache quand tu vas au bar.

    4. Comment est-il possible que tu souries toujours lorsque ta femme te gronde et te jette de l'eau?

    5. Je me rappelle qu'après le tonnerre vient la pluie.

B. Complete the sentences.

    1. Bien qu'il soit agréable, elle est désagréable.

        _____ nous _____, vous _____.

        _____ je _____, tu _____.

        _____ elles _____, ils _____.

    2. Il attendra pour que tu sortes avec lui.

        J' _____ vous _____.

        Nous _____ elle _____.

        Tu _____ je _____.

    3. Nous viendrons à moins qu'il n'ait peur.

        Ils _____ elle _____.

        Vous _____ ils _____.

        Nous _____ je _____.

C. Complete each sentence with the proper form of the subjunctive.

    1. Téléphonerez-vous avant qu'il _____? (venir)

    2. Quoique nous la _____, nous ne savons pas ou elle habite. (reconnaître)

    3. A moins que vous n' _____ en ville, je n'attendrai pas. (aller)

    4. Parle plus haute afin que tout le monde t' _____. (entendre)

5. Bien qu'il _____, nous allons laver la voiture. (pleuvoir)

6. Il écoute ses injures jusqu'à ce qu'elle _____. (finir)

7. Je veux m'asseoir près de vous pour que vous m' _____ les détails. (expliquer)

8. Elle lui a lancé le seau sans qu'il le _____. (voir)

9. Quoiqu'il _____ souvent, c'est un homme malheureux. (sourire)

10. Dis-moi ce qui s'est passé avant que nous _____ à la société. (arriver)

D. Complete each sentence with the infinitive or the conjugated form of the verb.

1. Il a peur de _____ à sa femme. (répondre)

2. Il a peur que sa femme _____. (répondre)

3. Veux-tu que nous _____ au café? (aller)

4. Veux-tu _____ au café? (aller)

5. Aidez-moi pour que je le _____ bien. (faire)

6. Aidez-moi à _____ ce devoir. (faire)

7. Elle le prendra sans _____ pourquoi. (savoir)

8. Elle le prendra sans que nous _____ pourquoi. (savoir)

9. J'y vais avant que vous _____. (rentrer)

10. J'y vais avant de _____. (rentrer)

III. Structures

Form sentences using the words in the order given. Refer to the story if necessary.

1. beau/garçon/se marier/jeune fille/mauvais/humeur.

2. mort/devoir/être/important/si/avoir/tant/voiture.

3. Ce/homme/gentil/ne point/se plaindre/bien que/ femme/être/toujours/misérable.

4. femme/ne pas/vouloir/mari/sortir/sans que/il/ lui/dire/où/aller.

5. Il/sourire/jusqu'à ce que/femme/lui/jeter/assiettes.

23. Une histoire terrifiante

I. Vocabulary Exercises

A. Synonyms: Find words or phrases of similar meaning in the story and tell what the words mean.

1. la bravoure
2. complètement
3. se jeter
4. horrible
5. une pierre
6. se promener
7. remarquer
8. un rêve pénible

B. Antonyms: Find words or phrases of opposite meaning in the story and tell what the words mean.

1. pleurer
2. au-dessous
3. en bas
4. blanc
5. devant
6. la vanité
7. les parents
8. le plaisir

C. Word Sets: Find the word that does not belong with the others and tell why.

1. l'arbre, le buisson, la fleur, le rocher
2. le chat, le cheval, le lion, le tigre
3. le frein, le fusil, le klaxon, le pneu
4. les animaux, les insectes, les oiseaux, les plantes
5. le chasseur, l'éditeur, l'explorateur, le voyageur

D. Complete the sentences with the proper words.

| buisson | douleur | élancé | embouteillage | énervés |
| injures | insectes | magiques | peur | tuer |

1. Mon petit frère aime observer les sauterelles, les mouches et les autres _____.
2. Le lion s'est caché derrière un _____.
3. Les Africains croyaient que le lion avait des pouvoirs _____ et ils ont refusé de le _____.
4. J'ai trébuché contre un rocher. Quelle _____!

126

5. Moi, j'aurais eu _____ toute seule dans la jungle.

6. Vers cinq heures du soir il y a toujours un _____ en ville, et les chauffeurs _____ crient des _____ à tout le monde.

7. Les enfants étaient surpris quand il s'est _____ vers eux.

II. Verb Exercises

Perfect Subjunctive.

A. Complete the sentences.

1. Si brave qu'il ait été dans la jungle, il ne se sentait pas à l'aise dans la ville.

_____ je _____, je _____.

_____ vous _____, vous _____.

_____ elles _____, elles _____.

2. Il est possible que nous soyons déjà partis.

_____ tu _____.

_____ je _____.

_____ il _____.

3. Elle est heureuse que tu te sois sauvé.

_____ vous _____.

_____ nous _____.

_____ je _____.

B. Add the expression in parentheses to the beginning of the sentence.

1. Ils ont aperçu le lion. (Je suis content)

2. Je suis allé à la chasse au tigre. (Il est vrai)

3. Tu as vu bondir le léopard. (Nous ne pensons pas)

4. Nous avons raconté toute l'histoire. (Ils croient)

5. Il est tombé mort. (Je regrette)

6. Tu as lu son livre. (Je ne crois pas)

7. Il a réussi à pénétrer ce continent inconnu. (Est-il possible)

8. Quelqu'un est venu pour l'aider. (Le chasseur veut)

C. Change the underlined phrases to the past tense.

1. Nous sommes heureux que vous fassiez une promenade avec nous.
2. J'ai peur que le chasseur ne tue pas le lion.
3. Tu regrettes que l'animal meure.
4. On ne leur croit pas quoiqu'ils disent la vérité.
5. Ils savent que l'explorateur est un homme modeste.
6. Doute-t-elle que nous blessions l'éléphant?
7. Vous ne croyez pas que j'aille dans la jungle?
8. Il est vrai qu'il a peur de la foule.

III. Structures

Prepositions.

Form sentences using the words in the order given. Refer to the story if necessary.

1. Ce/explorateur/aimer/jouer/enfants/quand/chez/lui.
2. enfants/demander/il/raconter/histoire/aventures/jungle.
3. Il/faillir/mourir/parce que/personne ne/venir/aide.
4. premier/fois/je/savoir/être/douleur.
5. Si/diligent/elle/être/ne pas/réussir/examen/géographie.
6. Je/entendre/bruits/embouteillage/et/cela/me/énerver.
7. élèves/rire/voir/professeur/tombé/terre.
8. Nous/ne pas/croire/lion/être/sorcier/mais/Africains/ne pas/douter.

26. Jeanne D'Arc

Vocabulary Exercises

A. **Synonyms:** Find words or phrases of similar meaning in the story and tell what the words mean.

    1. une célébration   4. le pays

    2. habillé   5. une prédiction

    3. libérer   6. le triomphe

B. **Antonyms:** Find words of opposite meaning in the story and tell what the words mean.

    1. la patience   4. désobéir

    2. assis   5. fort

    3. décourager   6. un noble

C. **Word Sets:** Find the word that does not belong with the others and tell why.

    1. la bergère, la fermière, la poissonnière, la paysanne

    2. la bataille, la gloire, le triomphe, la victoire

    3. les gens, le noble, la reine, le roi

    4. le casque, le chapeau, la couronne, le vêtement

    5. Lorraine, Orléans, Reims, Rouen

D. Complete the sentences with the proper words.

bataille	bergère	but	couronnement	Dieu
obéir	prophétie	roi	tâches	victoire

    1. Il faut _____ aux parents et aux professeurs!

    2. Les voix célestes viennent de _____.

    3. Une _____ nous avertit de ce qui va arriver.

    4. Mes parents m'ont donné des _____ difficiles: mettre le couvert, faire la vaisselle et faire mon lit.

    5. Le Dauphin deviendra _____ après son _____.

    6. Une _____ garde les moutons.

    7. L'élève diligent travaille pour accomplir son _____.

    8. La _____ était sanglante mais les Français ont eu la _____.

II. Verb Exercises

Passé Simple.

A. Give the infinitive for these verbs in the passé simple.

1. elle habita	6. vous fîtes
2. ils avertirent	7. je vins
3. il rendit	8. tu fus
4. nous allâmes	9. elle vit
5. j'eus	10. ils surent

B. Complete each sentence with the proper verb.

devint   dis   écouta   écrivit   fîtes
furent   mourut   quitta   racontâmes

1. Antoine de Saint-Exupéry _____ Terre des hommes.
2. Nous _____ une histoire terrifiante.
3. Le roi les _____ sans répondre
4. Elle _____ à Rouen et elle _____ une sainte plus tard.
5. Je lui _____ ce qu'il voulait entendre.
6. Jeanne _____ sa ville pour aller à Orléans.
7. Montcalm et les Indiens _____ amis.
8. Vous _____ de son histoire une légende.

C. Rewrite these sentences from the story by changing the passé simple to the passé composé.

1. Elle reçut la mission de délivrer la France des Anglais.
2. Les voix lui commandèrent d'accomplir trois tâches.
3. La Reine Isabelle rendit le pays aux rois anglais.
4. Elle voulut rencontrer le Dauphin.
5. Une fête suivit le couronnement et tout le monde s'impatienta de voir cette jeune fille.
6. Les gens lui demandèrent:—N'as-tu pas peur?
7. Jeanne répondit avec sérénité.
8. Elle se douta des intrigues qui commencèrent au moment même.

III. Structures

Form sentences using the words in the order given. Refer to the story if necessary.

1. Je/ne que/21/an/quand/je/quitte/maison.
2. Nous/leur/rappeler/promesse/nous/emener/fête.
3. Je/ne pas/participer/sports/mais/être/spectateur/ passionné.
4. Il/nous/mener/pique-nique/et/nous/apporter/grand/ corbeille/friandises.
5. professeur/lui/donner/moins/trois/semaine/ accomplir/but.
6. Je/se douter/gens/qui/entendre/voix/céleste.
7. Pourquoi/s'impatienter/tu/enlever/manteau?
8. messieurs/poli/enlever/chapeau/saluer/dames/ passer.

Master French–English Vocabulary

Vocabulary Notes

1. Words easy to recognize.
   a) The same in both languages: **crime, idéal, hôtel, radio, télévision, surprise.**
   b) Slight change: **artiste, musique, personne, histoire, gouvernement, défendre.**
2. Prefixes and suffixes.
   a) **dés-, in-, im- (im-, in-, dis-, un-)**: poli (polite), **im**poli **(im**polite); agréable (pleasant), **dés**agréable **(un**pleasant); possible (possible), **im**possible **(im**possible)
   b) **-ant (-ing)**: **ennuyant** (annoy**ing**), **discutant** (discuss**ing**)
   c) **-eur, -euse** (trade or profession): **vendeur** (salesman), **vendre** (to sell); **danseur** (dancer), **danser** (to dance).
   d) **-eux, -euse (-ous)**: **fameux** (fam**ous**), **mystérieux** (mysteri**ous**).
   e) **-ment (-ly)**: **rapidement** (rapid**ly**), **évidemment** (evident**ly**).
   f) **-aine,-ième** (+ numbers): **douzaine** (a dozen), **douzième** (12th).
   g) **re- (re-,** again): **venir** (to come), **revenir** (to come **back**).
3. Nouns formed from other words.
   a) From verbs: **travailler** (to work), **travail (work)**; **vendre** (to sell), **vente (sale)**, **décider** (to decide), **décision (decision)**.
   b) From past participles: **entrée (entrance)**, **sortie (exit)**.
   c) From adjectives: **beau** (beautiful), **beauté (beauty)**.

BEWARE! Some words may fool you; they are **faux amis. Parents** (relatives), **crier** (to shout), **assister** (to attend).

How To Use This Vocabulary
1. Nouns are listed with the gender indicated by (m) or (f).
2. Verbs are given in the infinitive form.
3. Adjectives are given in the masculine singular. Irregular feminine or plural forms are noted.

Master French–English Vocabulary

A

abord: d'abord at first
absolument absolutely
accompagner to accompany
accomplir to complete, to achieve
accord: d'accord OK, agreed
  être d'accord to agree
acheter to buy
acier (m) steel
adieu good-by, farewell
adresse (f) address, skill
affaire (f) matter, business
affectueusement affectionately
agacer to irritate, to provoke
âge (m) age
  quel âge? how old?
agiter to annoy, to disturb
agréable pleasant
aide (f) help
aider to help
aimer to like, to love
aîné older, oldest
air (m) air, look
  avoir l'air de to seem, to appear
aise: à l'aise at ease, relaxed
ajouter to add
aliment (m) food
allécher to attract
aller to go, to feel (health)
alors then
amener to bring
ami, amie friend
amuser: s'amuser de to enjoy, to have
  a good time
an (m) year
  avoir — ans to be — years old
ancêtre (m) ancestor
Angevin (m) person who lives in Anjou
anniversaire (m) birthday
apercevoir to notice
apparaître to appear
appareil (m) telephone (device)
appel (m) call
appeler to call
  s'appeler to be named

apporter to bring, to carry
apprendre to learn
approcher: s'approcher de to approach
après after
après-midi (m) afternoon
arbre (m) tree
arène (f) arena
argent (m) money, silver
armée (f) army
armure (f) armor
arracher to pull out
arrêter to arrest
  s'arrêter to stop
arrière-grand-mère (f) great-grand-
mother
arriver to arrive, to happen
asseoir: s'asseoir to sit down
assez enough, quite
assiette (f) plate, dish
assurance-incendie (f) fire insurance
attaquer to attack
atteindre to reach, to achieve
attendre to wait for, to expect
attention: faire attention to pay
attention
attraper to catch
aucun any, none
au-dessus de on top of
aujourd'hui today
aussi too, also
  aussi — que as — as
aussitôt que as soon as
automne (m) autumn
automobiliste (m) motorist
autre other
avaler to swallow
avant before
avec with
avertir to warn
aveugle blind
avion (m) airplane
avis (m) opinion
avocat (m) lawyer
avoir to have
  avoir envie de to want
  il y a there is, there are

B

bagarre (f) riot
baiser (m) kiss
baisser to lower
balai (m) broom
balayer to sweep
banc (m) bench
banlieue (f) suburb
barbe (f) beard
baril (m) barrel
bataille (f) battle
bateau (m) boat
battre to fight, to battle
beau, belle beautiful, handsome
beaucoup much, many, a lot
beauté (f) beauty
bébé (m) baby
bébête silly
bec (m) beak, mouth
bergère (f) shepherdess
besoin: avoir besoin de to need
bête dumb, stupid
bien well, very
   bien que although
billet (m) ticket
blesser to wound
blessure (f) wound
boire to drink
boisson (f) drink, beverage
boîte (f) box
bon, bonne good, right; (f) maid
bondir to spring, to pounce
bonjour hello, good-day
bord (m) edge
bouche (f) mouth
bouchée (f) mouthful
boucher (m) butcher
boucherie (f) butcher shop
bouger to move
boulangerie (f) bakery shop
bouteille (f) bottle
bouton (m) button
bras (m) arm
bricoler to putter, to fix things up
brigadier (m) police sergeant
bruyant noisy, loud
buisson (m) bush
but (m) goal

C

cadeau (m) gift, present
cadet, cadette youngest son, daughter
café (m) coffee, café
camarade (m) friend
campagne (f) country
canne à pêche (f) fishing pole
canoë (m) canoe
car for
carrefour (m) intersection
carte (f) card, map
case (f) hut
casque (m) helmet
casser to break
cauchemar (m) nightmare
causer to chat
cavalier (m) horseman
cave (f) cellar
ce, cet, cette, ces this, that; these those
cela that
célèbre famous
céleste heavenly
celui, celle, ceux, celles this (one), that; these, those (ones)
ce que, ce qui what, that which
chaise (f) chair
chambre (f) room
chambrée (f) dormitory, barracks room
chance (f) luck
chanson (f) song
chanter to sing
chaque each
chasse (f) hunting
chasser to hunt
chasseur (m) hunter
chaud warm, hot
chaussette (f) sock
chauve bald
chef (m) chief, leader
chef-d'oeuvre (m) masterpiece
chemin (m) way, road, path
chemise (f) shirt
cher, chère expensive, dear
chercher to look for, to seek
chéri (m) darling
cheval (m) horse
chic stylish, fashionable

chien (m)   dog
chirurgien (m)   surgeon
choisir   to choose
chose (f)   thing
   quelque chose   something
ciel (m)   sky, heaven
cimetière (m)   cemetery
citoyen (m)   citizen
client (m)   customer
clos   closed, shut
clou (m)   nail
coeur (m)   heart
   par coeur   by heart
coin (m)   corner
colère (f)   anger
   mettre en colère   to make angry
   se mettre en colère   to become angry
combler   to overwhelm
comme   as, like
commencer   to begin
comment   how
commerçant (m)   businessman, dealer
compagnon (m)   friend, companion
comprendre   to understand, to include
compter   to count
conduire   to drive, to lead
confection   ready-to-wear clothes
conférence (f)   lecture
connaissance (f)   knowledge, consciousness
connaître   to know, to be acquainted with
conseil (m)   advice, counsel
conséquent: par conséquent   consequently, therefore
contester   to protest
contravention (f)   summons
convaincre   to convince
convenir   to agree upon
corbeau (m)   crow
corbeille (f)   basket
cordonnerie (f)   shoemaker's shop
cordonnier   shoemaker
corps (m)   body
corrida (f)   bullfight
cortège (m)   procession
   cortège funèbre   funeral procession
costume (m)   suit, costume
côté: à côté de   beside, next to

coucher du soleil (m)   sunset
coucher: se coucher   to go to bed
coudre   to sew
couleur (f)   color
couloir (m)   hallway, corridor
coup (m)   blow, hit
   tout à coup   all of a sudden;
   coup de téléphone   phone call
couper   to cut
courageux   courageous, brave
courir   to run
couronnement (m)   coronation
couronner   to crown
cours (m)   class
   au cours de   in the course of, during
course de taureaux (f)   bullfight
courses: faire des courses   to do the shopping
court   short
coût (m)   cost
couteau (m)   knife
coûter   to cost
coutume (f)   custom
couverture (f)   cover, blanket
couvrir   to cover
cracher   to spit
craindre   to fear
cravate (f)   necktie
crayon (m)   pencil
créer   to create
crevé   flat, deflated
cri (m)   shout
crier   to yell
critiquer   to criticize
croire   to believe
cueillir   to pick, to gather
cuiller (f)   spoon
cuisine (f)   kitchen
   faire la cuisine   to cook
cuivre (m)   copper
culture (f)   cultivation, culture
curiosité (f)   curiosity

D

dans   in, into
débarrasser: se débarrasser de   to get rid of
debout   standing

début (m)   beginning
déchirer   to tear
découper   to cut up
découvrir   to discover
défaite (f)   defeat
défaut (m)   fault, defect
défilé (m)   parade
déguisement (m)   disguise
déguiser   to disguise
déjà   already
déjeuner (m)   lunch
   petit déjeuner   breakfast
demander   to ask for
demeure (f)   residence
demeurer   to live
dentelle (f)   lace
dépasser   to surpass
dépêcher: se dépêcher   to hurry
dépense (f)   expense, cost
dépenser   to spend
dernier   last
derrière   behind, in back of
désagréable   unpleasant, disagreeable
descendre   to come down, to get off
désirer   to want, to desire
détacher   to disconnect, to detach
deux   two
devant   in front of
devenir   to become
devise (f)   motto
devoir   ought, to owe, must
diable (m)   devil
difficile   hard, difficult
digne   worthy, honorable
diligent   hard-working, diligent
dimanche (m)   Sunday
dire   to say, to tell
discuter   to discuss
disparaître   to disappear
distingué   distinguished
distinguer   to distinguish, to make out
diviser   to divide
doigt (m)   finger
donc   then, therefore
donner   to give
dont   whose, of which
dormir   to sleep
doucement   softly, sweetly
douleur (f)   sorrow, pain

doute (m)   doubt
douter: se douter de   to suspect
doux, douce   sweet, soft
droit (m)   right
duper   to fool, to trick
dur   hard

E

eau (f)   water
échapper   to escape
éclair (m)   lightning
éclater   to burst forth
école (f)   school
écossais   Scottish
Ecosse (f)   Scotland
écouter   to listen to
écrier: s'écrier   to cry out, to exclaim
écrire   to write
écrivain (m)   writer, author
égal, égaux (pl)   equal
élancer: s'élancer   to throw oneself
éloge (m)   praise
embouteillage (m)   traffic jam
embrasser   to kiss, to embrace
emmener   to take
emploi (m)   job, employment
emporter   to carry off, to take
empreinte (f)   footprint
emprunter   to borrow
encore   still, yet, again
endormir: s'endormir   to fall asleep
endroit (m)   place, spot
énervé   excited, nervous, on edge
enfant (m,f)   child
enfin   finally, at last
enfoncer: s'enfoncer   to plunge into
enlever   to take off, to take out
ennemi (m)   enemy
ennuyer: s'ennuyer   to be annoyed,
   to be bored
énorme   enormous, huge
enseigne (f)   sign
enseigner   to teach
ensemble   together
entendre   to hear
enterrer   to bury
entier, entière   whole, total
entourer   to surround

entraînement (m)   training
entrepreneur de pompes funèbres (m)
  undertaker
entrer   to enter
envers   towards
envie: avoir envie de   to want
envoyer   to send
épais, épaisse   thick
épée (f)   sword
escalier (m)   stairs
espion (m)   spy
espionnage (m)   spying
esprit (m)   mind
essayer   to try
établir   to establish, to build
étage (m)   story, floor
état (m)   state
été (m)   summer
étendard (m)   standard, banner, flag
étiquette (f)   label
étonné   surprised
étonnement (m)   surprise
étranger, étrangère   strange, foreign
être (m)   being
être   to be
étrenne (f)   gift (for New Year's)
étude (f)   study
étudiant (m)   student
étudier   to study
eux   them
évanouir: s'évanouir   to faint
éviter   to avoid
examen (m)   exam, test
exclamer: s'exclamer   to exclaim
exemple: par exemple   for example
explication (f)   explanation
expliquer   to explain
exploit (m)   exploit, act, deed
exprimer   to express

F

fâcher: se fâcher   to become angry
facile   easy
façon (f)   way, manner
faible   weak
faillir   almost
fainéant (m)   do-nothing, lazy person

faire   to do, to make
falloir   to be necessary
fameux, fameuse   famous
famille (f)   family
fantôme (m)   ghost, phantom
farine (f)   flour
fatigué   tired
faute de   for lack of
félicitation (f)   congratulation
femme (f)   woman, wife
fer (m)   iron
féroce   ferocious, mean
fermer   to shut, to close
fête (f)   festival, celebration
feu (m)   fire
  feu rouge   stop light
fier, fière   proud
fier: se fier   to trust
fille (f)   daughter
  jeune fille   girl
fils (m)   son
fin (f)   end
finir   to finish
  finir par   to end up by
flâner   to stroll
fleur (f)   flower
fleuve (m)   river
fois (f)   time
  à la fois   at the same time
forêt (f)   forest
fort   strong
fou, folle   crazy
  fou rire   to laugh like mad
foule (f)   crowd
fourchette (f)   fork
fournir   to furnish
frais, fraîche   cool, fresh
frapper   to knock, to hit
frein (m)   brake
frère (m)   brother
froid   cold
froideur (f)   coldness
fromage (m)   cheese
front (m)   forehead
fumer   to smoke
funèbre   funeral (procession, etc.)
furieux, furieuse   furious, angry
fusil (m)   gun

G

gagner to win, to earn
garçon (m) boy, waiter
garde: prendre garde to take care
gare (f) station
gaspillage (m) waste
gâteau (m) cake
  petits gâteaux cookies
gazon (m) lawn
géant (m) giant
gendarme (m) soldier in the militia
gens (m,pl) people
gentil, gentille nice, kind
gloire (f) glory
gorgée (f) mouthful, throatful
goût (m) taste
goûter to taste
grâce à thanks to
graine (f) seed
grand great, big, large
grandir to grow up
grincement (m) screeching
gronder to scold
gros, grosse fat, big
guerre (f) war
guichet (m) ticket window

H

habile clever, skillful
habillé dressed
habitant (m) inhabitant
habiter to live
hache (f) ax
hasard: par hasard by chance
haut: en haut up, above
hennir to whinny
hésiter to hesitate
heure (f) hour
  à l'heure on time
heureux, heureuse happy
hier yesterday
histoire (f) history, story
homme (m) man
honnête honest
huit eight
  huit jours a week

humain human
humeur (f) disposition
  mauvaise humeur ill-tempered
hurler to cry out, to yell

I

ici here
idée (f) idea
ignorer not to know
il y a there is, there are
immeuble (m) apartment building
impôt (m) tax
incendie (m) fire
incrédule unbelieving
inculper to incriminate
indigène native
injure (f) insult, oath
inquiéter: s'inquiéter to worry, to
  bother
instruction (f) education
intenter une action to bring suit
interdit forbidden
intéresser: s'intéresser à to be
  interested in
intérêt (m) interest
interrogation (f) interrogation
interrompre to interrupt
ivre drunk

J

jamais ever
  ne . . . jamais never
jambe (f) leg
jeter to throw
jeune young
  jeune fille (f) girl
  jeunes gens (m,pl) teenagers
joie (f) joy
joue (f) cheek
jouer to play
jouir to enjoy
jour (m) day
journal (m) newspaper
journée (f) day
joyeux, joyeuse joyous, happy
juge (m) judge
jupe (f) skirt

juré (m)   member of the jury
jusqu'à   until
  jusqu'à ce que   until

K

klaxon (m)   horn (car)

L

lac (m)   lake
laisser   to leave
  laisser tomber   to drop
lancer   to throw
langue (f)   tongue, language
laver   to wash
  se laver   to wash oneself
leçon (f)   lesson
lendemain (m)   the next day
lentement   slowly
leur, leurs   their, theirs
lever   to raise
  se lever   to get up
lèvre (f)   lip
libérer   to free
lieu (m)   place
  au lieu de   instead of
lire   to read
lit (m)   bed
livre (m)   book; (f) pound
locataire (m)   tenant, renter
logique (f)   logic
logiquement   logically
loin   far
long, longue   long
longtemps   long time
lorsque   when
lui   him, to him/her
lumière (f)   light
lune (f)   moon
  être dans la lune   to be daydreaming,
  to be "out of it"

M

magasin (m)   store
magnifique   magnificent, great
main (f)   hand
maintenant   now

mais   but
  mais oui   of course
maison (f)   house
maître (m)   master
mal   bad, poorly
  avoir mal à   to have a pain in
  faire du mal à   to hurt
malade   sick
maladroit   awkward, clumsy
malchanceux, malchanceuse   unlucky
malheureusement   unfortunately
malheureux, malheureuse   unhappy
maman (f)   mama
manger   to eat
  salle à manger (f)   dining room
manuscrit (m)   manuscript
marchand (m)   merchant
marche (f)   march, hike
marché (m)   market
marcher   to walk
mari (m)   husband
marier: se marier   to marry
marmite (f)   pot
matador (m)   matador, bullfighter
matin (m)   morning
mauvais   bad, wrong
méchant   bad, naughty, nasty
médecin (m)   doctor
meilleur   better
même   same, self
mener   to lead
mentir   to lie
mépris (m)   contempt, disgust
mère (f)   mother
merveilleux, merveilleuse   marvelous
messe (f)   mass (religious)
mesure: fait sur mesure   made to
  measure
mettre   to put, to place
  se mettre en colère   to get angry
mieux   better
mine (f)   expression (facial)
minuit (m)   midnight
mode (f)   style, fashion
moi   me
moins   less
moitié (f)   half
monde (m)   world
  tout le monde   everyone

montagne (f) mountain
monter to climb, to go up, to get on
montre (f) watch
montrer to show
moquer: se moquer de to make fun of
morceau (m) piece
mort dead
mot (m) word
  mot de passe password
mouchard (m) police spy
mouche (f) fly
mouillé wet, soaked
mourir to die
moustache (f) mustache
mouton (m) sheep
muet, muette dumb, mute
mûr ripe, mature
musée (m) museum

N

nager to swin
naître to be born
  né born
ne . . . pas not
nécessaire necessary
nerveux, nerveuse nervous, excited
nettoyer to clean
nez (m) nose
ni . . . ni neither . . . nor
n'importe no matter
Noël (m) Christmas; noël carol
noir black
nom (m) name
nommer to name
notre our
nourriture (f) food
nouveau, nouvelle new
  de nouveau again
nuage (m) cloud
nuit (f) night
nulle part no where
numéro (m) number

O

obéir to obey
obscur dark
occasion (f) opportunity

occuper: s'occuper de to be busy with
oeil (m) eye; yeux eyes
oeuvre (f) work (art)
offre (f) offer
oiseau (m) bird
ombre (f) shade, shadow
oncle (m) uncle
orage (m) storm
ordonner to order, to command
oreille (f) ear
organiser to organise
orteil (m) toe
os (m) bone
ou or
  ou . . . ou either . . . or
où where
oublier to forget
ouverture (f) opening
ouvrir to open

P

paix (f) peace
pâlir to turn pale
paquet (m) package
par by, through
parce que because
pareil, pareille like, such
parent (m) relative, parent
paresseux, paresseuse lazy
parfaitement perfectly
parfois sometimes, at times
parler to speak, to talk
partager to share
partie (f) part
partir to leave
partout everywhere
pas not, no
  pas du tout not at all
passé (m) past
passer to pass, to spend
  se passer to happen
passionner: se passionner to be wild
  about; to be enthusiastic about
patrie (f) country, homeland
patte (f) paw, foot of an animal
pauvre poor, unfortunate
pays (m) country
paysan, paysanne peasant

peau (f) skin
péché (m) sin
peintre (m) painter
peinture (f) picture, painting
peler to peel
pelle (f) shovel
pendant during, while
penser to think
perdre to lose
père (m) father
permettre to permit
permis (m) license
perruque (f) wig
personne (f) person
  personne ne no one
petit small, little
peu little, few
  peu de few, little
peur (f) fear
  avoir peur to be afraid
peut-être perhaps, maybe
pied (m) foot
piège (m) trap
pierre (f) stone
pieux, pieuse pious, religious
pire worse, worst
piste (f) trail, track
pitié (f) pity, sympathy, compassion
place (f) seat, place
plaindre: se plaindre to complain
plainte (f) complaint, charge
plaire to please
  s'il vous plaît please
plaisir (m) pleasure
plancher (m) floor
plein full, filled
pleurer to cry, to shed tears
pleuvoir to rain
pluie (f) rain
plumer to pluck out feathers
plus more
plusieurs few, several
plutôt rather
pneu (m) tire
  pneu crevé flat tire
poêle (f) skillet
point: ne . . . point not at all
poire (f) pear
poisson (m) fish

poissonnerie (f) fish market
poissonnier (m) fish vendor
poli polite
poliment politely
politesse (f) politeness
pomme de terre (f) potato
pont (m) bridge
porte (f) door
portemanteau (m) clothes tree
porter to carry
  se porter to feel (health)
portière (f) (car) door
posséder to own, to possess
pour for
  pour que in order that
pourquoi why
pourtant however
pousser to push, to grow
pouvoir to be able, can
  ne plus en pouvoir not to be able to stand anymore
précieux, précieuse precious
prédire to predict
préférer to prefer
premier, première first
prendre to take
presque almost
prêt ready
  prêt-à-porter ready-to-wear
prêter to lend
preuve (f) proof
prier to pray, to beg
  je vous en prie please, I beg of you
printemps (m) spring
prochain next
profiter to take advantage of
prononcer to pronounce
prophétie (f) prophecy
propos: à propos by the way, for that matter
propre own, clean
propriétaire (m) owner, proprietor
prouver to prove
prudemment carefully
prudent careful
puis then, afterwards
puisque since
punir to punish

144

Q

quand when
quant à as for
quart (m) a quarter, fifteen minutes
que that, what, which
quel, quelle, quels, quelles which, what
quelque some
  quelque chose something
quelquefois sometimes
quelqu'un someone
queue (f) tail
  faire la queue to stand in line
qui who
quitter to leave
quoique although, even though

R

raccommodage (m) mending, repair
raccourcir to shorten
raccrocher to hang up (phone)
raconter to tell a story
raisin (m) grape
  raisin sec raisin
raison (f) reason, right
  avoir raison to be right
ramasser to pick up, to collect
ramer to row (a boat)
rappeler to recall
  se rappeler to remember
rattraper to retrieve
réaliser to come true
récemment recently
récepteur (m) receiver (phone)
recevoir to receive
réclame (f) publicity, advertisement
rédiger to write out
réfléchir to think about
réfrigéré refrigerated
regard (m) look
regarder to look at
règle (f) rule
régler to settle
régner to reign
regretter to be sorry, to regret
reine (f) queen
remarquer to notice
remercier to thank

renard (m) fox
rencontrer to meet
rendez-vous (m) meeting, appointment
rendre to return
  se rendre to surrender
  se — à to go to
  se — compte de to realize
renseignements (m) information
renseigner to inform
rentrer to return
renverser: se renverser to upset
répondre to answer
réponse (f) answer
reprendre to regain
respirer to breathe
ressembler to ressemble
rester to stay, to remain, to be left
retard late
retarder to be slow
réunir: se réunir to get together
réussir to succeed
réussite (f) success
révéler to reveal
revoir to see again
  au revoir good-by
revue (f) magazine
rien nothing
rire to laugh
  fou rire laugh like mad
rivière (f) river
rocher (m) rock
roi (m) king
rompre to break
rond round
rouge red
route (f) route, road
rue (f) street
rugir to roar
rugissement (m) roar, growl
rusé sly, clever

S

sage good, well-behaved
saisir to seize
sale dirty
salle à manger (f) dining room
saluer to greet

samedi (m) Saturday
sang (m) blood
sanglant bloody
sans without
sauf except
sauter to jump
sauterelle (f) grasshopper
sauvage savage, primitive
sauver to save
  se sauver to run away
savant (m) scientist, wise man
savoir to know
savourer to savor, to taste
seau (m) bucket, pail
secours: au secours! help!
selon according to
semaine (f) week
sembler to seem, to appear
sens (m) direction
  sens dessus dessous upside down
  sens unique one way
sentir to smell
  se sentir to feel
sérieux, sérieuse serious
servir to serve
  se servir de to use
seul alone, only
seulement alone
si if, so; yes (with negative question)
siècle (m) century
soeur (f) sister
soir (m) evening
soleil (m) sun
  coucher du soleil sunset
son, sa, ses his/hers
son (m) sound
sorcier (m) witch, demon
sortir to leave, to go out
sot, sotte foolish, dumb, silly
soudain suddenly
souffrir to suffer, to stand
soupçonneux, soupçonneuse
  suspicious
sourd deaf
sourire (m) smile; to smile
sous-développé underdeveloped
soutenir to sustain, to support
souvent often

sueur (f) sweat
suggérer to suggest
suite: tout de suite right away
suivre to follow
supplier to beg
supporter to stand
sur on
sûr sure, certain
  bien sûr of course
surtout especially, above all
suspendre to hang up
syndicat d'initiative (m) tourist office

T

tableau (m) painting
tâche (f) task
tailleur (m) tailor, suit
taire: se taire to be quiet
tant so much, so many
tante (f) aunt
tapis (m) rug, carpet
taquiner to tease
tard late
tarder to be late, to delay
tas: un tas de a lot of
taureau (m) bull
tel, telle such
tellement so
temps (m) time
  de temps en temps from time to time
tenir to hold, to have
terminer: se terminer to end, to finish
terre (f) earth, ground
  par terre on the ground
terrifiant scary, terrifying
tête (f) head
  mal à la tête headache
tirer to fire (gun), to pull
toilettes (f) washroom
tombe (f) tomb, grave
tomber to fall
  laisser tomber to drop
ton, ta, tes your
ton (m) tone
tonnerre (m) thunder
toréador (m) bullfighter
tôt early

toujours always, still
tourner to turn
   se tourner to turn around
tout, toute, tous, toutes all, every
trahison (f) treachery, treason
train: en train de in the act of
traîner to drag, to lie around
traqueur (m) tracker
travail (m) work, job
travailler to work
traverser to cross
trébucher to trip
très very
tribu (f) tribe
tribunal (m) court
triste sad, unhappy
tromper to trick
   se tromper to be mistaken
trop too many, too much
trottoir (m) sidewalk
trouver to find
   se trouver to be (located)
tuer to kill
type (m) fellow, guy
typique typical, native

U

unique only
usé worn out

V

vacances (f) vacation
vache (f) cow
vague (f) wave
vaincre to conquer
vaisselle: faire la vaisselle to do the dishes
valoir to be worth
  valoir la peine de to be worth the trouble of
vanter: se vanter to brag, to boast
veille (f) eve, night before
vendange (f) harvest
vendeuse (f) saleswoman

vendre to sell
venger: se venger to take revenge
venir to come
  venir de to have just
vent (m) wind
véritable real, true
vérité (f) truth
verre (m) glass
vers towards, around
vers (m) verse, lines
verser to pour
veston (m) suit jacket
vêtements (m) clothes
  vêtu dressed
viande (f) meat
vie (f) life
vieux, vieille old
  mon vieux old friend
vigne (f) vine, vineyard
vigneron (m) winegrower
ville (f) city
vin (m) wine
visage (m) face
viser to aim
vite fast, quickly
vitesse (f) speed
vivre to live
voeux wishes
voilà there is, there are
voir to see
voisin (m) neighbor
voiture (f) car, automobile
voix (f) voice
  à haute voix in a loud voice
  à voix basse in a soft (low) voice
voler to fly, to steal
volonté (f) will
votre, vos your
vouloir to wish, to want
voyage (m) trip
voyageur traveler
vrai true
vraiment really, truly
vue (f) view, sight

Y

yeux (m) eyes

NTC INTERMEDIATE FRENCH READING MATERIALS

Humor in French and English
French à la cartoon

High-Interest Readers
Suspense en Europe Series
  Mort à Paris
  Crime sur la Côte d'Azur
  Evasion en Suisse
  Aventure à Bordeaux
  Mystère à Amboise
Les Aventures canadiennes Series
  Poursuite à Québec
  Mystère à Toronto
  Danger dans les Rocheuses
Monsieur Maurice Mystery Series
  L'affaire des trois coupables
  L'affaire du cadavre vivant
  L'affaire des tableaux volés
  L'affaire québécoise
  L'affaire de la Comtesse enragée
Les Aventures de Pierre et de
Bernard Series
  Le collier africain
  Le crâne volé
  Les contrebandiers
  Le trésor des pirates
  Le Grand Prix
  Les assassins du Nord

Intermediate Cultural History
Un coup d'oeil sur la France

Contemporary Culture in English
The French-Speaking World
Christmas in France
Focus on France
Focus on Belgium
Focus on Switzerland
Life in a French Town

Graded Readers
Petits contes sympathiques
Contes sympathiques

Adapted Classic Literature
Le bourgeois gentilhomme
Les trois mousquetaires
Le comte de Monte-Cristo
Candide ou l'optimisme
Colomba
Contes romanesques
Six contes de Maupassant
Pot-pourri de littérature française
Comédies célèbres
Cinq petites comédies
Trois comédies de Courteline
The Comedies of Molière
Le voyage de Monsieur Perrichon

Adventure Stories
Les aventures de Michel et de Julien
Le trident de Neptune
L'araignée
La vallée propre
La drôle d'équipe Series
  La drôle d'équipe
  Les pique-niqueurs
  L'invasion de la Normandie
  Joyeux Noël
Uncle Charles Series
  Allons à Paris!
  Allons en Bretagne!

Print Media Reader
Direct from France

For further information or a current catalog, write:
National Textbook Company
a division of *NTC Publishing Group*
4255 West Touhy Avenue
Lincolnwood, Illinois 60646-1975 U.S.A.